胸有成竹去留学
澳洲留学全程无忧

留学生活场景、文化背景知识、留学生活攻略、地道口语表达

Overseas Study in Australia

主编：田苗 李安娜 关英博
编者：段婧赫 李晓慧

大连理工大学出版社
Dalian University of Technology Press

图书在版编目(CIP)数据

胸有成竹去留学·澳洲留学全程无忧/田苗,李安娜,关英博主编. -- 大连:大连理工大学出版社,2020.4
ISBN 978-7-5685-2482-7

Ⅰ. ①胸… Ⅱ. ①田… ②李… ③关… Ⅲ. ①留学教育—概况—澳大利亚②高等学校—介绍—澳大利亚 Ⅳ. ① G649.611

中国版本图书馆 CIP 数据核字 (2020) 第 018949 号

大连理工大学出版社出版

地址:大连市软件园路80号　　邮政编码:116023
发行:0411-84708842　　邮购:0411-84708943　　传真:0411-84701466
E-mail:dutp@dutp.cn　　URL:http://dutp.dlut.edu.cn
大连图腾彩色印刷有限公司印刷　　大连理工大学出版社发行

幅面尺寸:168mm×235mm　　印张:16.5　　字数:361千字
2020年4月第1版　　2020年4月第1次印刷

责任编辑:任宇涛　　　　　　　　　　责任校对:迟素媛
封面设计:大旗书装

ISBN 978-7-5685-2482-7　　　　　　　　　　定价:39.00元

本书如有印装质量问题,请与我社发行部联系更换。

前 言
Preface

　　《胸有成竹去留学·澳洲留学前程无忧》由拥有丰富澳洲留学经验的一线教师团队编写而成，旨在为读者提供内容丰富、语境真实的澳洲留学和生活知识手册。本书为那些有意赴澳留学的读者提供真实的留学生活场景、丰富的文化背景知识、实用的留学生活攻略以及适切的口语表达等，从而帮助读者拓宽视野、满足跨文化交流的需求。

　　本书按照一般留学生活的轨迹展开，包括出发篇、校园生活篇、课程篇、作业篇、理财·兼职·活动篇和休闲·娱乐·仪式篇，共计6个篇章。下设的25个单元中田苗负责1~8单元的编写，李安娜负责9~18单元的编写，关英博负责19~25单元的编写，段婧赫和李晓慧在材料收集和稿件校对中做了很多工作。

　　翻阅本书犹如纵览赴澳留学生活的纪实片，如此实用且如此贴切，只是浏览目录就会让您爱上它。书中的每一个对话都承载了特定的文化背景、生活攻略、相关常识等，同

澳洲留学 全程无忧

时每一个交际场景后面都列有生词及表达、难点释义、参考译文,帮助读者在练习口语的同时极大地丰富自己的知识储备。

本书的编写和出版得到了大连理工大学出版社的大力支持,在此表示感谢。

由于编者水平及相关资料有限,书中肯定存在欠妥之处,恳请专家、同仁及读者朋友批评指正。

本书编写组
2020年3月于哈尔滨

目 录
Contents

Chapter 1 出发篇
- **Unit 1** 飞越大洋登彼岸 / 2
- **Unit 2** 留学住宿大比拼 / 14

Chapter 2 校园生活篇
- **Unit 3** 说说看病的那些事 / 26
- **Unit 4** 你的抱怨也会有人帮你解决 / 35
- **Unit 5** 令人羡慕的学生权利 / 42
- **Unit 6** 尽享派对生活 / 53

Chapter 3 课程篇
- **Unit 7** 多姿多彩的本科课程 / 64
- **Unit 8** 含金量最高的研究生课程 / 74
- **Unit 9** 选专业原来如此方便 / 92
- **Unit 10** 同等重要的必修课和选修课 / 102
- **Unit 11** 顺利通过令人紧张的考试 / 111
- **Unit 12** 志愿服务让你真正融入当地社会 / 120

澳洲留学 全程无忧

Chapter 4 作业篇
- **Unit 13** 不会学习不用怕 / 128
- **Unit 14** 查资料才能做作业 / 136
- **Unit 15** 压力山大的报告 / 144

Chapter 5 理财·兼职·活动篇
- **Unit 16** 留学生的钱财管理 / 153
- **Unit 17** 最受欢迎的兼职工作 / 164
- **Unit 18** 怎样安排时间更合理 / 174
- **Unit 19** 怎样买教材和学习用品最划算 / 183
- **Unit 20** 盘点大学中最流行的俱乐部和社团 / 193

Chapter 6 休闲·娱乐·仪式篇
- **Unit 21** 可口又省钱的当地美食 / 202
- **Unit 22** 尽享超值购物的乐趣 / 215
- **Unit 23** 奇妙无比的自然人文景观 / 226
- **Unit 24** 如何度过轻松惬意的超长假期 / 241
- **Unit 25** 人生的重要时刻——毕业典礼 / 250

Chapter 1
出发篇

Unit 1　飞越大洋登彼岸

Unit 2　留学住宿大比拼

Unit 1 飞越大洋登彼岸

一切准备妥当后，就要出发前往美丽的澳大利亚了。从踏出国门办理登机手续开始，心情一直是好奇而又不安的，不过阅读过本章内容后你大可不必有不安的情绪，因为不论是转机，或直飞悉尼、布里斯班，抵达机场后的所有出入境手续和报关程序，甚至是从机场出发的交通方式，本单元都有详尽的介绍，确保你能够顺利而又愉快地"飞越大洋登彼岸"。

快速攻略

机场介绍

悉尼国际机场（Sydney Airport，又称 Kingsford Smith International Airport）是全澳大利亚最大的国际机场，入境和出境均在同一栋航站楼中，位于机场航厦T1（Terminal 1），入境在1楼、出境在2楼，只需搭乘手扶梯或电梯即可互通。机场内各处皆有清楚的标识，只要顺着标识走即可办理入境或出境手续。机场内商店林立，饮食、购物都很方便。若有疑问，可向服务中心询问。

Chapter 1 出发篇

填写入境卡

当飞机快要到达目的地时,飞机上的空乘人员会发给你一张入境卡,填写内容要求用英文书写,里面包括一些需要填写的个人信息,如姓名、护照号码、航班号码、在澳大利亚的住址和一些简单的问题。反面有A、B、C三个栏目,你只要选择填写一个就可以。如果你需要转机的话,要确定所乘坐航空公司的名称或是简写代码,然后在机场大厅内寻找这家航空公司的转机候机室,通常在机场是有指示牌的。

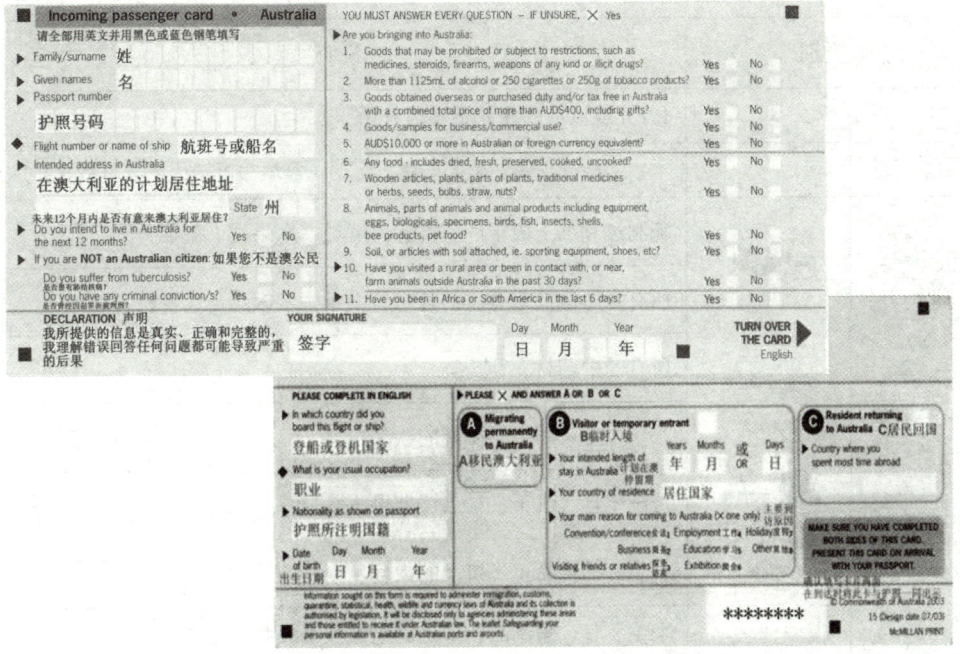

小提示

如果不清楚自己带的东西是否需要申报的话,最好选择"是"。如果写了"否"而被查出来,会比较麻烦。如果一定要搞清楚,也可以咨询空乘人员。

澳大利亚海关申报须知

澳大利亚海关非常严格，因此入境澳大利亚之前，应先检查好自己的行李中是否放了违禁物品。这里提供了"需申报物品"和"禁止入境物品"两类表格供前往澳大利亚的同学们参考。

需申报入境的物品

若有需要申报的物品，一定要在入境申报单中勾选，事先标示好英文成分与名称并将物品送至海关接受检查，海关检查后认为没问题即可顺利入境。如果海关认为不可入境，则会收缴物品，并予以销毁。

类别	说明
货 币	1万元或以上的澳元及等值外币
票 据	本票、旅行支票、个人支票、汇票（需填写可转让证券表格BNI）
食物类	腌制过和加工成干的鱼类、海鲜类、水果类、蔬菜类
	所有煮熟后及未煮过的食材、面条、米饭、各式香料
	所有的中药材、补药类
	茶、咖啡、用牛奶冲调的饮品
	传统零食、饼干、糕点、糖果
	包装好的食品（飞机上的饮食）
动物产品类	羽毛、骨、角制品、羊毛、毛被及毛线和工艺制品
	动物及雀鸟标本
	贝壳
	蜂蜜产品
	使用过的动物装备

Chapter 1 出发篇

植物材料类	木制品	木质的手工艺品、雕刻
		用植物材料制造的人工制品、手工制品
		含有或填满种子的物品
		干燥花及装饰、新鲜花卉
其他物品类	带泥土的运动器材	使用过的运动、露营设备
		染上泥土、粪便或植物材料的鞋子
		药品,包括人用药和畜用药
		不被禁止的武器类
		超过免税限额的烟、酒

禁止入境物品

不管申报与否,被发现携带"禁止入境物品"的后果是一律销毁,而且会视情况被要求当场缴纳罚金340澳元;若是严重非法的违禁品,就有可能被起诉,缴纳66 000澳元以上罚款,或被判监禁10年。

类别	说明
违法物品	海洛因、大麻、可卡英、安非他命等毒品
违禁物品	盗版商品和色情物品
食物类（肉类、家禽、猪肉、蛋类；活植物、种子；乳酪、乳制品；新鲜水果、蔬菜）	乳制品、蛋及含蛋的产品、非罐装的肉类产品、活的动物、活的植物、草药、传统药物、种子、新鲜蔬菜

Unit 1 飞越大洋登彼岸

澳洲留学 全程无忧

办理澳大利亚入境手续 抵达悉尼机场后，请按以下步骤办理入境手续。

Step 1 沿着入境标识前进
下飞机后，沿着"Customs"（海关）的指示牌前进便可找到查验证照的柜台。

Step 2 查验证照
到了查验证照的柜台处，选择"Other Passport Holder"指示的柜台排队，出示你的护照以供移民署人员查验。

Step 3 提领行李
通过验证护照的柜台后，即可见到电子看板上面标明飞机航班与行李转盘的资讯，跟着资讯的说明走就对了。

Step 4 海关申报
提领行李的转盘后方就是海关申报检验区，进入检验区时会分为几列不同的队伍，不论是否申报物品，都需一一通过海关检验，因此排队即可。

队伍接近海关时，会有工作人员询问你需要申报哪类物品，根据物品的不同，会被安排到不同的海关检验处，即便没有任何物品需要申报，也必须通过所有申报程序。

特别要注意的是，从排队开始就需备妥黄色"申报表"，以便随时出示，不一定每位申报者的行李都会被要求检查；相反地，即使旅客宣称没有任何物品需要申报，也有可能会被要求打开行李检验，但只要诚实申报，无须过分担心。

把申报物品集中在一件行李中

建议把要申报的东西集中放在一个手提行李袋中，海关要求检验时可直接打开，并告知所有申报物品已集中在此，不但免去打开整个行李箱的麻烦，也更能节省时间。

垃圾桶的提醒作用

如果你真的不小心带了违禁物品，到海关之前你仍然有最后的机会可以放弃，只要投入垃圾桶中就可以了。

Chapter 1 出发篇

如何从机场前往悉尼市区

从悉尼国际机场前往悉尼市区最普遍的交通工具有三种，分别是公交车、出租车及火车，其中搭乘火车的人数最多。

搭乘火车

从机场搭乘火车相当方便，出海关后沿着"Train"（火车）的指示牌搭手扶梯往地下楼层

走，就可以找到售票处。前往市区的下车站牌通常是中央车站(Central Station)、市政厅(Town Hall)，建议出发前，事先询问所住饭店的周边交通以及机场搭乘火车至悉尼市区的票价。

搭乘火车从国际机场(International Airport)至悉尼市区，约为15分钟即可抵达。火车票价时有调涨，以悉尼火车官方公布票价为主（悉尼火车站官网：http://www.sydneytrains.info）。

悉尼机场火车路线资讯请查看：http://www.airportlink.com.au

国际、国内航厦不同栋哟！

若要从悉尼国际机场转乘到澳大利亚国内航线前往其他城市，要特别注意"悉尼国际机场"与"悉尼国内机场"是在两个不同的地方，搭乘火车，两站之间的运行时间约2分钟。悉尼国际机场与国内机场两个航厦的地下都是火车站，乘火车可直接抵达悉尼市区。

搭乘出租车

从悉尼机场出发，坐出租车到市区，单程车资约45～55澳元，会视目的地及路况有所增减。若有两位以上游客，可以考虑共乘，平均分摊后甚至会比搭火车还要便宜，而且省了自己提行李的麻烦。

搭乘公交车

到悉尼市中心的公交车只有400号路线可以搭乘，但其没有经过市区中最主要的道路，上下车也不会有站名的提醒，提着大件行李箱上下公交车不是很方便，虽然公交车票价较为便宜。但是建议对悉尼路况不甚熟悉的同学，还是不要选择公交车。

常用词汇

international terminal	baggage reclaim
国际候机楼	行李提取处
international flights	security check
国际航班	安全检查
country of origin	passport control immigration
原住地	护照检查处
destination country	departure
前往目的地国	出境
transfer correspondence	arrival
中转处	入境
airport lounge	transit lounge
机场休息室	过境室
information desk	emergency exit
询问处	安全出口
check-in area	customs service
办理登机手续区	海关服务台
departure gate	foreign currency exchange
登机口	外币兑换处
boarding	duty free shop
登机	免税店
boarding pass (card)	restaurant
登机牌	餐厅
delay	no entry
延误	禁止进入

Chapter 1 出发篇

高频句

1. When must I check in for Flight 518 to Sydney?/ What's the check-in time for Flight 518 to Sydney?

   我要乘518次航班到悉尼，我应该什么时候办理登机手续?

2. Tell me the gate number, please. Where is Gate Ten?

   请告诉我几号登机门？十号登机门在哪?

3. Where is the check-in counter? /Is this the check-in counter?

   办理登记手续的柜台在哪？/这是办理登机手续的柜台吗?

4. Is Flight 126 leaving / arriving on time? How long will it be delayed?

   126次航班会准时起飞/ 抵达吗？要推迟多久?

5. This is my hand baggage. Can I take this one as hand baggage?

   这是我随身携带的行李。我可以把这件行李随身携带到飞机上吗?

6. Ladies and gentlemen, may I have your attention, please? This is the pre-boarding announcement. Please board Xiamen Airlines, Flight MU192 at Gate 5.

   敬请各位旅客注意，这是登机前的广播。乘坐厦航MU192次班机的乘客请于五号登机门登机。

7. Do you have anything to declare?

   有什么需要报关的吗?

8. May I have your passport, customs declaration form and health certification form, please?

   请出示一下您的护照、海关申请表和健康证明表。

9. What's the purpose of your visit?

   您此行的目的是什么?

10. In that case, do you have a letter from your school proving that you are studying here?

    既然如此，你有学校的入学许可证明你是来学习的吗?

实用对话

CONVERSATION 1
海关申报

Customs officer: Your passport and declaration card, please.
Colin: This is a souvenir that I'm taking to Australia.
Customs officer: Do you have anything to declare?
Colin: No, I don't.
Customs officer: Do you have any liquor or cigarettes?
Colin: Yes, I have two bottles of whisky.
Customs officer: Please open this bag. What are these?
Colin: The camera is for my personal use. These are gifts for my friends.
Customs officer: You have to pay duty on these. Do you have any other luggage?
Colin: These are for my personal use.
Customs officer: Righto. Please give this declaration card to that officer at the exit.

WORDS AND EXPRESSIONS 词汇大本营

1. declaration card [ˌdeklə'reɪʃn][kɑːd] 海关申报卡
2. souvenir [ˌsuːvə'nɪə(r)] n. 纪念品，礼物
3. liquor ['lɪkə(r)] n. 酒，烈性酒；含酒精饮料
4. personal ['pɜːsənl] adj. 个人的，私人的
5. duty ['djuːti] n. 税费

Chapter 1 出发篇

LANGUAGE POINTS 难点释义

1. pay duty on   意思是"为……付税"。
2. luggage   行李，澳式英语中常用luggage；美式英语中常用baggage。
3. righto   意思是"好，可以"。表示同意对方的观点或接受对方的要求，澳式英语词汇，发音为 [ˈraɪtəʊ]。

TRANSLATION 参考译文

海关人员： 请出示您的护照和申报单。
科林： 这是我要带去澳大利亚的纪念品。
海关人员： 是否有任何东西需要申报？
科林： 没有。
海关人员： 你有携带任何酒类或香烟吗？
科林： 是的，我带了两瓶威士忌酒。
海关人员： 请打开这个袋子。这些东西是做何用？
科林： 这个相机是我私人使用的。这些是给朋友的礼物。
海关人员： 你必须为这些物品缴付税金。你还有其他行李吗？
科林： 这些是我私人使用的东西。
海关人员： 好了，请将这张申报卡交给出口处的官员。

CONVERSATION 2
机场接待

Jack: G'day. Are you Miss Lisa from China?

Lisa: Yes, I am. And you are?

Jack: I'm Jack Moore from the Australian National University. Here is my name card. I'm here to welcome you.

Lisa: Oh, thank you so much.

Jack: You are welcome. Do you have all your belongings?

Lisa: Yes. I didn't bring too many. I'll buy once I'm settled in.

Jack: Let me lift the heavy luggage for you.

Lisa: No, thanks. I can manage it.

Jack: Oh, come on. Let me be a gentleman.

Lisa: Then thanks.

Jack: It's my pleasure. This way, please.

Lisa: Where are we going?

Jack: The Meet and Greet Shuttle Bus. It will take you to the campus.

Lisa: How long will it take?

Jack: I reckon one and a half hours.

WORDS AND EXPRESSIONS　词汇大本营

1. belongings　　　[bɪˈlɒŋɪŋz]　　　n. 行李
2. settle　　　　　[ˈsetl]　　　　　vt. 确定，安排好
3. campus　　　　 [ˈkæmpəs]　　　 n. 校园；校区

LANGUAGE POINTS　难点释义

❶ g'day 澳大利亚英语特有寒暄语，意思是good day，相当于good morning/how are you doing 。

❷ me "我"的宾格形式，音标[mi]。但澳大利亚人有时将me发成my [maɪ]的音。

❸ manage it 意思是"设法做成某事"，有时用manage to do sth. 的表达方式。

❹ reckon 意思是"认为"，类似feel/think，在澳式英语中常用reckon。

Chapter 1 出发篇

TRANSLATION 参考译文

杰克： 您好。您是来自中国的莉莎小姐吗？
莉莎： 是的。您是哪位？
杰克： 我是澳大利亚国立大学的杰克·摩尔。这是我的名片。我来这里接您。
莉莎： 噢，非常感谢。
杰克： 不客气。您的行李齐了吗？
莉莎： 齐了。我没带太多东西。等我安顿好后再买。
杰克： 让我帮您提那件重的行李。
莉莎： 不用了，谢谢。我可以的。
杰克： 别客气。让我做个绅士。
莉莎： 那谢谢了。
杰克： 不客气。请这边走。
莉莎： 我们要去哪？
杰克： 去欢迎大巴。它将带你去学校。
莉莎： 需要多长时间？
杰克： 我想一个半小时吧。

澳洲留学 全程无忧

Unit 2
留学住宿大比拼

　　对于出国留学的同学们来说"安居"是至关重要的。想专心致志地投入到学业中去，先要解决住宿问题。有一个好的住宿环境，可以尽快熟悉环境，对生活和学习都是十分有利的。在澳大利亚，留学生主要有三种住宿方式可供选择：学校宿舍、自主租房和家庭寄宿。当然，就安全性来讲，当然是学校公寓的安全性最高，但由于环境、自由度和资金等原因，也有很多留学生选择后两种住宿方式。本单元详细分析了这些住宿方式的优、缺点和租房的注意事项，教会你在澳大利亚留学期间如何"安居乐业"。

快速攻略

学校宿舍

　　在澳大利亚，多数学校提供校内或者校外的学生宿舍。这种类型的住宿很受澳大利亚本国及海外留学生的欢迎。如果你希望住此种类型的宿舍，最好尽快申请。这种宿舍通常提供男生宿舍和女生宿舍，或两者皆有。对标准宿舍（Standard）而言，每个学生有自己单独的学习室和卧室，但要和其他学生分享洗澡间和其他设施。当然也有带卫生间的（En Suite），那价格就要相对贵很多。有些宿舍提供三餐，另外一些是自己买食物并在公共厨房做饭吃，这样的宿舍要便宜一些，并且有机会做自己喜欢吃的食物，但是你必须留出买东西和准备食物的时间。

优点：
1. 节省了交通时间和费用。
2. 能更便利地利用学校的设施，如图书馆、电脑房。
3. 便于融入校园氛围，在业余时间参加各种社团活动。
4. 易于结交朋友，有利于社交，增长见识，拓宽关系网。
5. 学校环境相对比较安全。
6. 是一个缓冲，避免立刻面对社会生活与习惯的冲击。

缺点：
1. 学校公寓的住宿费较贵。
2. 需提前申请，房源紧俏。
3. 难以享有私人空间，平时有可能会比较吵，影响学习。
4. 不易于更快了解澳大利亚的社会。
5. 如学校放假，公寓有时也会关闭，会造成不便。

　　决定了要在校内住宿，就要尽早向学校住宿办公室（Housing Office）提出申请，索取相关资料及申请表。一般情况下，澳大利亚的学校都会帮助学生安排住所，并帮助他们了解房屋租赁的有关条件和信息。在学生抵达澳大利亚之前，学校还会根据学生的申请安排好他们的临时住所，这样当他们到达澳大利亚之后，就可以有适当的时间去寻找其他的住所。学校有专门的布告栏和报纸，会为学生们提供房屋、公寓和住宅信息，学生也可以直接咨询学校的相关负责人员，以获得充分的帮助。

自主租房

另外一种住宿方式是住在租来的房子里，通常是和其他人合租。有些房子属于学校，但更多的是从开放的市场里租用的。这样你就必须签订租约或者办理一些其他的正式手续，你最好能从你的课程协调员或者其他有经验的同学那里得到一些建议。你可以从学校的布告栏或者地方报纸上找到一些租房信息。澳大利亚的房子分几种：一种叫HOUSE，就是我们说的花园洋房；一种叫APARTMENT，是比较豪华的单元房；另外有FLAT，即单元房，一般是穷人、学生、难民住的；还有一种是UNIT，是比较简易的花园洋房，有的有花园，有的没有花园。

优点：
1. 住宿时间自由，个人时间充裕。
2. 有助于提高独立生活能力。
3. 住宿费用可自己调控。
4. 更快地了解并融入澳大利亚的社会和生活。

缺点：
1. 交通和用餐要自己解决。
2. 需要自己缴纳水费、电费等杂费。
3. 需要处理好与室友及邻居的关系。
4. 安全问题无法保障，需要自己留意。

Chapter 1 出发篇

寻找房屋的途径：

1. 网站广告。现在越来越多的学生会在澳大利亚当地的网站上寻找租房信息。通常地产中介和类似 www.realestate.com.au 这类的网站提供的信息是以整套房子出租为主。而一些论坛和以个人发布信息为主的网站上，则以出租房间或寻找合租人的信息为主。

2. 报纸广告。各地的报纸都有专栏刊登出租或求租住房的广告。租房者最好在每天早晨买几份当地的最新报纸，看看出租房屋一栏中是否有你想要的房屋。租房者要做到三早，即：早买报、早预约、早决定。

3. 房地产经销商或中介公司。这类业务各区都有，可以向经纪人询问，也可以看橱窗里的介绍。经房地产公司介绍的房屋有时要比自己直接租的贵，因为其中有中介费，但当你和房主因房屋设备或订好的租金发生矛盾时，房屋中介可以从中帮你周旋。

4. 由朋友介绍或自己在学校一些公共布告板上张贴求租告示。另外，在澳大利亚各大学里专门有帮助学生介绍住房的机构，比如 Accommodation Centre 或 Housing Office。你可以持学生证到这种机构去找房，他们免费提供服务，提供的房屋价钱便宜。如果你与房主交流有障碍，他们可以按你的要求保护你的权益，直接和房主讲价。

租房时的注意事项：

1. 考虑房屋的位置和地段、到学校的距离、交通和购物是否方便。
2. 房屋附近的治安情况是否良好。
3. 留意所租公寓内是否附带家具、生活电器、相关厨具等。
4. 询问费用详情，除房租外自己还要负担什么费用。
5. 房屋的保险合同等是否齐备。
6. 仔细检查房屋，发现任何问题都要记录下来。

澳洲留学 全程无忧

寄宿家庭

住在澳大利亚人的家庭中，房主提供一日三餐或两餐，自己不用做饭。一般来说，寄宿家庭无论是住宿条件还是主人的品德修养都是有保证的，住在这里也较安全。住在当地人的家庭中，学生可以方便地接触和了解普通澳大利亚家庭的日常生活、风俗习惯及文化礼仪等，对逐步融入澳大利亚社会极有帮助。在和澳大利亚房东的日常接触中，逐渐熟悉他们的语音、语调及日常用语，潜移默化中自己的英语听力和口语水平也会大有长进。

优点：
1. 深度体验澳大利亚人的生活和基本的风土人情。
2. 饮食、安全有保障。
3. 具备最便利的提高口语和听力的环境。
4. 减轻留学生的孤独感和思乡情绪。

缺点：
1. 必须适应对方家庭的作息时间。
2. 个人空间可能会受到影响。
3. 有时需提供家务服务来减免住宿费用。
4. 未必能适应寄宿家庭的生活习惯。

Chapter 1 出发篇

选择寄宿家庭的注意事项：
1. 看这个家庭的家长是否品行端正，有无犯罪记录。
2. 了解对方的经济状况和信用卡信用是否良好。
3. 了解对方家庭是否有不良的生活习惯。
4. 了解对方的宗教习惯。
5. 了解对方是否有良好的家庭气氛。
6. 了解对方是否愿意和学生沟通和交流。

常用词汇

dormitory	furniture
宿舍	家具
single bedroom	rent
单人卧室	租赁；租金
double bedroom	cease
双人卧室	中止
living room	real estate
起居室	房地产
kitchen	home stay
厨房	家庭寄宿
toilet	contract
厕所	合同
bathroom	electricity bill
浴室	电费单
vacancy	utility
空房间	公共事业，如水、电、煤气等

Unit 2 留学住宿大比拼

deposit
押金

refund
退还（钱款）

高频句

1. I'd like to help you do the housework.
   我愿意帮助你做家务活。
2. You have a beautiful house.
   你的房子真的是好漂亮。
3. How was your day?
   你今天过得好吗？
4. May I turn on the lamp?
   我可以打开台灯吗？
5. Where is the detergent?
   洗涤剂放在哪儿？
6. Could you show me the nearest bank?
   你可不可以告诉我最近的银行在哪儿？
7. May I use your computer to check my e-mail?
   我可不可以用你的电脑来查一下我的电子邮件？
8. I'll eat out tonight.
   我今天晚上要在外面吃。
9. Are there any rules I should know of?
   有没有什么规矩我应该了解的？
10. Could you show me how to do it?
    你可以向我演示一下我这个怎么用吗？

Chapter 1 出发篇

CONVERSATION 1
宿舍信息咨询

Clerk: Good morning, you right?

Tommy: Hi, I'd like some information about housing.

Clerk: Sure, we have dorms in two locations, West District and East District.

Tommy: Any differences between these two places?

Clerk: Not really. To reserve, a deposit of 10 Australian dollars is required when you submit an application form.

Tommy: What if I want to cancel it?

Clerk: Well, the deposit is non-refundable, because we will process the reservation right after getting your deposit.

Tommy: I see. How early should I turn in my application form?

Clerk: I'd say around early November if you want to apply for this spring semester.

Tommy: That's good. What's the fee?

Clerk: The price of a double room without air-conditioning ranges from 100 Australian dollars to 180 Australian dollars per person per week.

Tommy: Does that include the meals?

Clerk: No, the meal plan is optional, so it is a separate charge.

Tommy: I got it. Thank you for the information.

Clerk: No worries.

WORDS AND EXPRESSIONS 词汇大本营

1. deposit   [dɪˈpɒzɪt]   n. 保证金
2. submit   [səbˈmɪt]   vt. 提交，呈送
3. refundable   [rɪˈfʌndəbl]   adj. 可归还的，可退还的

Unit 2 留学住宿大比拼

澳洲留学 全程无忧

4. process	[ˈprəuses]	vt. 处理；审阅；审核
5. application	[ˌæplɪˈkeɪʃən]	n. 申请
6. optional	[ˈɒpʃənl]	adj. 可选择的，任意的
7. separate	[ˈseprət]	adj. 单独的；分开的

LANGUAGE POINTS 难点释义

❶ you right? 是Are you all right? 的简短形式，用来询问对方是否需要帮助。实际意思相当于Can I help you?

❷ what if 相当于 What would happen if? 意思是"要是……又怎么样？"。

❸ not really 表示否定。

❹ "…the deposit is non-refundable." 保证金是不可以退还的。

❺ range from…to… 意思是"范围从……到……"。

❻ no worries 意思是"没关系，没问题"，澳式英语常用口语。

TRANSLATION 参考译文

员工： 早上好，我能为您效劳吗？
汤米： 嗨，我想知道一些关于住校的信息。
员工： 好的，我们的宿舍位于两个地点：一个是西区，一个是东区。
汤米： 这两者有什么区别吗？
员工： 没有。要预订的话，必须在您递交申请表时缴纳10澳元的订金。
汤米： 那如果之后我想取消呢？
员工： 哦，订金是无法退还的，因为我们在收到您的订金后就会进行预留。
汤米： 我明白了，我应该提前多长时间提交申请表呢？
员工： 如果您要申请春季学期的话，11月份上旬左右吧。
汤米： 那很好，费用是多少呢？
员工： 一个无空调的双人间的费用是每人每周100~180澳元。
汤米： 包括餐费吗？
员工： 不包括，餐饮计划是可选择要或不要的，所以分开计费。
汤米： 我知道了，谢谢你告诉我这些。
员工： 不客气。

CONVERSATION 2
住房守则

Mr. Robin: Welcome to my humble abode, Miss Wang.

Wang: Thank you very much, Mr. Robin. You can call me Carly.

Mr. Robin: Carly, I have to tell you some rules of this house beforehand. As you know, we are a very traditional family. And I have a ten-year-old girl.

Wang: Fine, please.

Mr. Robin: First, smoking is strictly forbidden here, although you don't look like that kind of girl. And of course drugs. Just in case.

Wang: I can ensure you that you don't need to worry about that.

Mr. Robin: Pretty good. Drinking alcohol is allowed, but intemperance is not.

Wang: I can ensure you this, too.

Mr. Robin: Very well. Then you can't hold a party here. We prefer quiet.

Wang: As you wish. Anything else?

Mr. Robin: I reckon it's enough. We're not jerks. We hope you can have a good time with us.

Wang: Me too.

Mr. Robin: Good. Your bedroom is upstairs. This way, please.

Wang: OK. Thanks.

WORDS AND EXPRESSIONS   词汇大本营

1. humble   [ˈhʌmbl]   adj. 谦逊的；简陋的
2. abode   [əˈbəʊd]   n. 住所；公寓
3. beforehand   [bɪˈfɔːhænd]   adv. 事先，预先
4. ensure   [ɪnˈʃʊə(r)]   vt. 确保；担保获得
5. intemperance   [ɪnˈtempərəns]   n. 酗酒放纵
6. alcohol   [ˈælkəhɒl]   n. 酒精；含酒精的饮料
7. jerk   [dʒɜːk]   n. 笨蛋；混蛋

澳洲留学 全程无忧

LANGUAGE POINTS　难点释义

❶ just in case 意思是"以防万一"。
❷ "We prefer quiet." 意思是"我们更喜欢清静"，prefer sth./to do sth.意为"更喜欢某事物/更喜欢做某事"。
❸ as you wish 习语，意为"按你的意思办，随你的便"。

TRANSLATION　参考译文

罗宾先生： 欢迎光临寒舍，王小姐。
王： 非常感谢你，罗宾先生。可以叫我卡莉。
罗宾先生： 卡莉，我必须提前告诉你住在这里的规则。如你所知，我们是个非常传统的家庭，而且我有个10岁的女儿。
王： 好，请说。
罗宾先生： 首先，这里严禁吸烟，虽然你看起来不像那种女孩。当然吸毒也不行，只是以防万一。
王： 我可以向你保证你不必担心这点。
罗宾先生： 非常好。可以喝酒，但禁止酗酒。
王： 我也可以向你保证这点。
罗宾先生： 非常好。再就是你不能在这里开派对。我们喜欢静。
王： 如你所愿。还有呢？
罗宾先生： 我想这些就够了。我们不是怪人。我希望我们能相处得开心。
王： 我也一样。
罗宾先生： 很好。你的卧室在楼上。这边请。
王： 好的，谢谢。

Chapter 2
校园生活篇

Unit 3　说说看病的那些事

Unit 4　你的抱怨也会有人帮你解决

Unit 5　令人羡慕的学生权利

Unit 6　尽享派对生活

Unit 3 说说看病的那些事

俗话说过:"身体是革命的本钱"。的确,身体健康对我们来说十分重要。留学生异国求学,对国外的生活环境或饮食等不习惯,很容易生病,进而影响学业。而澳大利亚的医疗费用昂贵,对于生活费并不富余的留学生而言,医疗费用是一笔不小的开销。为了留学生的身体健康,澳大利亚政府强制性要求留学生必须购买医疗保险。澳大利亚移民部要求所有持学生签证者在澳留学期间必须购买OSHC保险。学生签证条件第8501条规定,投保OSHC是签发学生签证的必要条件。澳大利亚移民部忠告,不持有OSHC的国际学生将被取消签证。

快速攻略

留学生健康保险

申请OSHC的途径

1. 在绝大多数情况下,留学生就读的大学或该大学的代理机构代为支付留学澳大利亚的保险费。

2. 留学生就读的大学可能会要求留学生直接把保险费用汇给保险公司。学校负责提供所有的保险信息。

Chapter 2 校园生活篇

3. 可登录OSHC Worldcare 官方网站：http://www.oshcworldcare.com.au进行在线注册购买医疗健康保险。

OSHC的时间期限

1. 申购者可以选择购买与学生签证绑定的医疗保险，即医疗保险时间等同在澳大利亚的签证时间。

2. 申购者也可购买12个月的医疗保险（购买医疗保险的最短时限）。

OSHC的支付方式

购买OSHC需用信用卡支付。

OSHC收费标准

OSHC涵盖以下医疗费用：医院外的治疗、医院内的治疗、处方药物和紧急救护车的协助。

医院外服务（如表所示）

服务	每次服务的给付
由大多数全科医生所提供的医疗服务（GP服务）	100%
其他医院服务，如病理和X光等（包括专家服务）	85%

医院内服务——公立医院的费用赔付规定（如表所示）

服务	每次服务的给付
入住与他人合住的病房的病人或入住单人病房的病人	100%
接受同日进出的医疗服务的住院病人	100%
事故和急诊	100%
门诊医疗和手术后服务	100%
康复/职业病治疗	100%

1. 收费，按州和领地的卫生部门规定的对非澳大利亚居民的医疗服务的收费标准。

2. 康复/职业病治疗受以下条件的限制：该治疗必须是主治医生所建议；所建议的治疗必须针对急性疾病或受伤的康复；治疗必须在您住院期间。

Unit 3 说说看病的那些事

医院内服务——私立医院的赔付规定（如表所示）

服务	每次服务的给付
入住与他人合住的病房的病人或入住单人病房的病人	100%
接受同日进出的医疗服务的住院病人	100%
事故和急诊	100%
门诊医疗和手术后服务	100%
康复/职业病治疗	100%

1. 收费，按州和领地的卫生部门规定的对非澳大利亚居民的病人的医疗服务的收费标准。

2. 您在私立医院的治疗是保险费所涵盖的。但是请注意，私立医院收取的费用可能高于州和领地的卫生部门所规定的收费标准，故您必须支付差额。

3. 康复/职业病治疗受以下条件的限制：该治疗必须是主治医生所建议；所建议的治疗必须针对急性疾病或受伤的康复；治疗必须在您住院期间。

处方药赔付规定（如表所示）

服务	每次服务的给付	每年的限额
注册医生所开或所配的处方药物，参照当前药物福利方案（PBS）中一般受益者的病人自付部分，超出部分享受保险公司的给付。	每一处方项最高为 $50	每年最高金额 个人：$300 家庭：$600

1. 收费，按州和领地的卫生部门规定的对非澳大利亚居民的病人的医疗服务的收费标准。

2. 根据保单的有效期按比例摊算。此项限额亦适用于个人，只要家庭保单的最高给付额尚未用尽。

3. PBS 病人自付部分是指法律要求在 OSHC Worldcare 开始给付之前，会员应承担的处方药费用。此自付部分与不享有任何优惠的澳大利亚人所需自付的金额相同。

Chapter 2 校园生活篇

所不涵盖的项目有：

1. 由理疗师、接骨师、脊柱按摩师、自然疗法师提供的服务或其他辅助服务。
2. 并非是医生的处方或PBS所不包括的药物、药剂或其他治疗。
3. 牙医、验光配镜师的收费。
4. 按澳大利亚的法律应由您自付的费用或服务，提供者收取高于MBS收费标准的费用。
5. 人工协助生殖项目。
6. 在到达澳大利亚后的头12个月内，与妊娠有关的治疗。
7. 在购买OSHC之后最初的12个月内，治疗在购买OSHC之前既有的疾病。
8. 由与不涵盖的项目相关的事件所产生的医疗或住院服务费用。

学生可以在当地的健康中心获得许多服务。

以下是学生们可获得的部分服务：

1. 一般内科：体检、病理（验血）、皮肤检查、营养建议、戒烟支持和血压监测。
2. 对健康问题和受伤的评估与治疗。
3. 必要时根据情况提供急救服务。
4. 简单的诊断性的筛检：可提供很多测试——其中的一部分包括尿液怀孕测试、验尿、测量血压和血糖测试。
5. 女性健康：避孕建议、柏氏子宫颈抹片检查、性健康筛检、怀孕测试与建议、乳房检查。
6. 男性健康：性健康筛检、前列腺检查。
7. 健康咨询：包括健康问题咨询和个人问题咨询。
8. 转介专科医师服务。

医疗费用申请

1. 留学生可在线，也可通过邮寄向留学生健康保险申请在澳大利亚期间所有的医疗费用。
2. 邮寄申请：使用申购医保时显示的赔付参考号码，将其写在

Unit 3 说说看病的那些事

所有医疗发票原件或收据的背面,并寄往OSHC Worldcare, Locked Bag3001, Toowong, QLD 4066。

3. 留学生在医疗办理处或OSHC官方网站上下载申报表并详细填写,随后附上所有医疗发票和收据,一起邮寄到OSHC Worldcare, Locked Bag3001, Toowong, QLD 4066。

1. 留学生必须自己另备一份所有医疗发票和赔付参考号复印件,以防万一。

2. 澳大利亚的OSHC不包含牙科和眼科医疗费用,留学生最好在国内进行医治。

就医

1. 首先,留学生要了解校医院地址和住所附近的医院地址。

2. 到医院看病时,需要出示自己的医疗保险卡。

3. 在澳大利亚,医生给病人看完病后,病人一般不在医院取药,而是自己要到药店买药。

4. 澳大利亚的药店向任何人出售非处方药,且不限量;而处方药必须凭医生开出的处方,药店才出售,且只能按照处方上注明的药量购买,不能多买。

常用词汇

registration	health card
挂号	医疗卡
specialist	medical examination
专家	体检
surgery	X-ray
外科手术	X光
emergency room	Type-B ultrasonic
急诊室	B超

Chapter 2 校园生活篇

blood test	medication
血液化验	药物治疗
thermometer	physiotherapy
体温计	物理疗法
prescription drug	pharmacist
处方药	药剂师
nonprescription drug	pharmaceutical
非处方药	药物，药品

高频句

1. What's the matter?
   你哪里不舒服？
2. What's your symptom?
   你都有什么症状？
3. How long have you been like this?
   你这样多久了？
4. I want to see the specialist.
   我想看专家门诊。
5. Many people are queuing for registration.
   许多人在排队挂号。
6. I made an appointment to see the doctor.
   我预约了医生。
7. Can you give me a prescription?
   你能给我开药方吗？
8. The medicine is working, and I feel much better.
   这药起作用了，我感觉好多了。
9. Do you mind if I examine you briefly?
   你是否介意我简单地给你检查一下？

Unit 3 说说看病的那些事

10. I'll write you a prescription. If you follow the directions, you will be fine soon.
    我给你开个药方，照这个药方吃药，你会很快好起来的。

CONVERSATION 1
看病

Doctor: Good arvo. What's the matter?
Colin: Good arvo. I'm not feeling well. I feel a bit cold, and cough a lot. Worse still, my nose keeps running all the time.
Doctor: Did you measure your temperature?
Colin: No. I don't have a clinical thermometer at my apartment.
Doctor: Please clip the thermometer under your armpit for 10 minutes.
Colin: OK.
Doctor: Oops, 39 degrees. Open your mouth.
Colin: Ah...
Doctor: Good. All right. Your throat is inflamed. How long have you been like this?
Colin: Last night.
Doctor: Don't worry. It's just a common cold. A good rest is all you need, and drink more water. I will write you a prescription.
Colin: Thanks.
Doctor: The pharmacist will tell you how to take them. I reckon you don't need a return visit. Wish you may restore health at an early date.

WORDS AND EXPRESSIONS 词汇大本营

1. cough   [kɒf]   v. 咳嗽
2. temperature   [ˈtemprətʃə(r)]   n. 温度，体温
3. thermometer   [θəˈmɒmɪtə(r)]   n. 温度计，体温计
4. armpit   [ˈɑːmpɪt]   n. 腋窝
5. inflamed   [ɪnˈfleɪmd]   adj. 发炎的，红肿的

Chapter 2 校园生活篇

6. prescription　　　　[prɪˈskrɪpʃn]　　　　n. 药方
7. pharmacist　　　　　[ˈfɑːməsɪst]　　　　n. 药剂师

LANGUAGE POINTS　难点释义

① arvo 是afternoon在澳大利亚英语中的简写，音标[ˈɑːvəʊ]。澳大利亚人还有个特点，就是要尽力将长单词缩短，缩写的规则就是把长单词拦腰截断，后面接上o或者ie。

② measure...temperature 固定搭配，意思为"量体温"。

TRANSLATION　参考译文

医生： 下午好，你哪里不舒服？

科林： 下午好，我觉得我生病了。我觉得有点发冷，咳嗽得厉害。更严重的是，我一直不停地流鼻涕。

医生： 你量体温了吗？

科林： 没有，我公寓里没有体温计。

医生： 请把体温计在腋下放10分钟左右。

科林： 好的。

医生： 啊呀，39度。张开嘴。

科林： 啊……

医生： 很好。好了。你的嗓子发炎了，你感觉不舒服多长时间了？

科林： 昨晚开始。

医生： 不用担心。就是普通的感冒。你需要好好休息，多喝水。我给你开个药方。

科林： 谢谢。

医生： 药剂师会告诉你怎样服用药物。我想你不用复诊了。祝你早日康复。

CONVERSATION 2
药店取药

Pharmacist: Hello, what can I do for you?

　　Colin: Here is my prescription, please.

Pharmacist: Okay. Wait a minute, please. Oh, I'm sorry to tell you that one is not available.

Unit 3 说说看病的那些事

Colin: Well, what should I do?
Pharmacist: You can buy it in another pharmacy or ask your doctor to change it.
Colin: Which is better?
Pharmacist: You look like an overseas student. If so, I suggest you ask your doctor to change it.
Colin: Why?
Pharmacist: You have OSHC, which covers your pharmaceuticals if you buy it in hospital.
Colin: Thanks for your advice. See you.
Pharmacist: My pleasure. She'll be apples.

WORDS AND EXPRESSIONS 词汇大本营

1. available　　　　　[əˈveɪləbl]　　　　　adj. 可购得的，可用的
2. pharmacy　　　　　[ˈfɑːməsi]　　　　　n. 药店
3. pharmaceutical　　[ˌfɑːməˈsuːtɪkl]　　n. 药物

LANGUAGE POINTS 难点释义

❶ my pleasure 口语用语，表达"乐意效劳"，用于回答"thank you"。
❷ "She'll be apples." 澳式口语，意思是"你会早日康复的；一切都会好起来的"。

TRANSLATION 参考译文

药剂师： 你好，我能为你做什么？
科林： 这是我的药方，请给我取药。
药剂师： 好的。请稍等一会儿。很抱歉你要的这种药现在没了。
科林： 那么我该怎么办？
药剂师： 你可以到其他药店去买，或者你也可以让医生给你换别的药。
科林： 那么哪个方法更好？
药剂师： 你看起来好像是留学生。如果这样的话，我建议你让医生换药。
科林： 为什么？
药剂师： 因为你办了留学生健康保险。如果你在医院买的话，它可以赔付你的药费。
科林： 谢谢你的建议。再见。
药剂师： 不客气。你会早日康复的。

Chapter 2 校园生活篇

Unit 4
你的抱怨也会有人帮你解决

不远万里来到澳大利亚留学,万一遇到了棘手的事情找谁寻求帮助呢?问题很好解决,学校里的辅导员会帮助你解决各种困难。澳大利亚的大学大都设有国际事务办公室,为国际学生的学习和生活提供全方位的服务。国际学生辅导员可以帮助国际学生了解澳大利亚文化、适应在澳大利亚的生活。如果想得到辅导员的帮助,你一定记得到国际事务办公室登记,做好提前预约。

快速攻略

学业有烦恼?

国际学生辅导员都接受过专门的培训,他们的主要任务是为国际学生提供学业方面的咨询。有关学业的任何问题都可以与辅导员沟通,辅导员会尽力帮助国际学生解决难题。在一些比较极端的个案中,如果你想投诉课程或学校的话,请你一定要遵照相关的投诉程序进行,在必要的情况下,辅导员也会在投诉程序中为国际学生提供协助。

澳洲留学 全程无忧

生活有烦扰？

除了学业方面的咨询，国际学生辅导员也会耐心回答同学们提出的诸如住宿、财务、医疗及签证等各方面的问题。辅导员会协助同学们更好地了解澳大利亚的各种体制，如果确认学生的确需要协助的话，辅导员会将学生推荐给相应的机构或者代表学生与相应的机构沟通。

常用词汇

counselor
辅导员

the office of international affairs
国际事务办公室

international student/overseas student
国际学生/留学生

full service
全方位服务

rego
（澳式口语）表示registration 登记，注册

make an appointment in advance
提前预约

give advice on studies/provide consultation on studies
提供学业方面的咨询

complain/lodge a complaint
投诉

formality/procedure
程序

accommodation
住宿

financial affairs/finance
财务

medical care
医疗

agency
中介机构

on behalf of
代表……

Chapter 2 校园生活篇

高频句

1. I'd like to make an appointment.
   我想预约。
2. I'd like to see the counselor, please.
   我想见见辅导员。
3. I have trouble keeping up with my studies.
   我跟不上课程。
4. I'd like to talk about my accommodation/home situation.
   我想谈谈我的住宿情况。
5. I'm not sure which courses I need to take when I finish this course.
   我不太确定在学习完这门课程之后我还要学习哪些课程。
6. I'm having trouble fitting in here.
   我不适应这里。
7. I've run out of money and I need a job.
   我的钱全花光了,我需要一份工作。
8. I'd like to change a class if possible/I'd like to change a class if that's OK.
   如果可能/可以的话我想换一个班级。

Receptionist: May I help you?
   Angela: Yes, I'd like to make an appointment with our counselor, please.
Receptionist: Do you take your student card with you?
   Angela: Yes, here it is.
Receptionist: OK, a moment. You're in Barbara's class, aren't you?
   Angela: Yes, I finish class at three, so could I see the counselor after that?
Receptionist: Is 3:30 p.m. tomorrow OK?

Angela: That'd be fine, thanks.
Receptionist: OK, Angela. Barbara will meet you at 3:30 p.m. tomorrow.
Angela: Thanks a lot.

...

Barbara: Hi, Angela. Please sit down. Any help?
Angela: I need to talk about my home situation. Well, I have been thinking to move out.
Barbara: I see. You're not happy in the house you share with others?
Angela: Yes, I share a house with the other two students. One is Lisa, who is really nice. But she works most nights and sometimes I'm left at home with the other housemate and she's quite difficult to get along with.
Barbara: Oh, dear. So you'd like to find an alternative share house.
Angela: Yes, I expect so.
Barbara: Angela, what do you think would be the best place for you?
Angela: What I'd like is to still live in a share house with Lisa but not with the other housemate.
Barbara: Would Lisa want to move out with you?
Angela: Maybe. I will ask her.
Barbara: Is Lisa an overseas student, too?
Angela: No, she is a fair dinkum Aussie.
Barbara: Well, that's great. If she were happy to move with you, she'd know how to find accommodation.
Angela: Yes, things will be easier.
Barbara: But, if Lisa wouldn't move out with you, I am tryna refer you to a homestay agent or you could make other choices. Now, I've written down your potential options. Read them through and talk to Lisa and let me know your decision.
Angela: Thank you for your time, Barbara. You've helped me a lot.
Barbara: Welcome. That's what I'm expected for. See you, Angela.
Angela: See you.

Chapter 2 校园生活篇

WORDS AND EXPRESSIONS 词汇大本营

1. receptionist [rɪˈsepʃənɪst] n. 接待员
2. appointment [əˈpɔɪntmənt] n. 预约；约会；任命
3. situation [ˌsɪtʃuˈeɪʃn] n.（人的）情况；局面，形势，处境；位置
4. share [ʃeə(r)] n. 股；（参与、得到等的）份；（分享到的或贡献出的）一份；市场占有率
   vt.&vi. 共有；共用；均摊
5. part-time [pɑːt taɪm] adj. 兼职的；部分时间的
   adv. 兼职地；用部分时间地
6. housemate [ˈhaʊsmeɪt] n. 住在同一房屋的人，而非家庭成员
7. alternative [ɔːlˈtɜːnətɪv] adj. 替代的；备选的；其他的；另类的
   n. 可供选择的事物
8. expect [ɪkˈspekt] vt.&vi. 期望；预料
9. overseas [ˌəʊvəˈsiːz] adv. 在向海外，在向国外
   adj.（在）海外的，（在）国外的；（向或来自）外国的
10. Aussie [ˈɒzi] n. 澳大利亚人，澳大利亚
    adj. 澳大利亚的
11. homestay [ˈhəʊmsteɪ] n.（在国外的访问者）在当地居民家居住的时期
12. potential [pəˈtenʃl] adj. 潜在的，有可能的
    n. 潜力，潜能

LANGUAGE POINTS 难点释义

❶ I'd like to make an appointment with… 我想预约……/我想和……预约。
❷ "I need to talk about my home situation." "我想谈一下我住宿的情况。" home situation在这里指accommodation。
❸ move out 迁出，搬出
❹ "…she works most nights…" "……她通常晚上要出去打工……"
❺ So you'd like to find an alternative share house. 那么你是想换合租房了。
❻ "…She is a fair dinkum Aussie." "……她是土生土长的澳大利亚

人。""fair dinkum"澳式英语口语中意为genuine, real（真正的、纯的），Aussie这里指澳大利亚人，也可以指"澳大利亚的"。

❼ "But, if Lisa wouldn't move out with you, I am tryna refer you to a homestay agent or you could make other choices." "tryna"是澳式英语口语中的常用词，表示trying to，这里am tryna的意思就是"将会尽力做某事"。

❽ "That's what I'm expected for." "这是我应该做的。"这里引申为"这是我的工作"。

TRANSLATION 参考译文

接待员： 需要帮忙么？
安吉拉： 你好，我想预约我们的辅导员。
接待员： 你带学生证了吗？
安吉拉： 带了，给你。
接待员： 好，等一下，你是芭芭拉班上的，对吧？
安吉拉： 是的。我三点钟下课，我可以下课后与辅导员面谈吗？
接待员： 明天下午三点半可以吗？
安吉拉： 可以，谢谢。
接待员： 好的，安吉拉。明天下午三点半，芭芭拉会与你面谈的。
安吉拉： 谢谢。

……

芭芭拉： 你好，安吉拉，请坐。有什么需要帮忙的吗？
安吉拉： 我想谈一下我住处的情况，嗯，我一直考虑搬出去。
芭芭拉： 我知道了，你不喜欢住在现在和别人一起租的房子吗？
安吉拉： 是的。我和另外两个同学合租一所房子。我的同学莉莎是一个非常好的人，但是她通常晚上要出去打工，所以只剩下我和另外一名同学在房子里，但是这个人很难相处。
芭芭拉： 噢，是这样啊。这么说你是想更换合租房了？
安吉拉： 是的，我希望这样。
芭芭拉： 安吉拉，那你认为什么样的住处是最适合你的呢？
安吉拉： 我想继续和莉莎合租房子，但是不要再和另外一个同学住在一个房子里了。

Chapter 2 校园生活篇

芭芭拉： 莉莎愿意和你一起搬家吗？
安吉拉： 也许吧，我想问问她。
芭芭拉： 莉莎也是留学生吗？
安吉拉： 不是，她是土生土长的澳大利亚人。
芭芭拉： 那很好，我想如果她愿意和你一起搬家的话，她会知道如何找房子的。
安吉拉： 是啊，事情会好办一些。
芭芭拉： 但是，假如莉莎不想和你一起搬出去的话，我会尽量把你介绍给一个寄宿家庭中介机构，或者你可以做出其他选择。我现在写下了对你来说可能的选择，你仔细看一下，并且和莉莎谈一下，然后请把你的决定告诉我。
安吉拉： 谢谢你，芭芭拉。你真是帮了我的大忙了。
芭芭拉： 不客气，这是我的工作。再见，安吉拉。
安吉拉： 再见。

澳洲留学 全程无忧

Unit 5
令人羡慕的学生权利

澳大利亚是世界上第一个推出国际学生保护法的国家，拥有一套非常健全的法律制度，即《海外学生教育服务法案》，用以规范各院校对海外留学生提供的教育与培训服务质量，保护持学生签证来澳大利亚留学的海外学生的合法权益。本单元将详细介绍澳大利亚留学生令人羡慕的留学生权利。

快速攻略

全方位的教育质量保障

澳大利亚学校设置的专业和课程必须在国家相关部门注册过才能够提供给留学生。因此，留学生根本不用担心所学的课程不被中国教育部或其他国家承认。此外，澳大利亚的教育行业通过实施院校课程审批和教育质量评估制度提供全方位的教育质量保障。澳大利亚的《学费保障计划》规定，即使就读学校倒闭，留学生大可不必担心学业就此受影响，相应的政府部门会出面帮助学生寻找相对应的学校和专业课程，协助留学生继续在澳大利亚学习下去，学生也可以要求退还学费。这些措施适用于各级各类院校，包括公立院校和私立院校，中学、英语语言培训学校、职业教育与培训院校和大学。

Chapter 2 校园生活篇

消费者权益保护

澳大利亚有健全的消费者权益保护体系来保护包括留学生在内的澳大利亚消费者。《澳大利亚消费者权益法》的制定是保证消费者购买物品和服务的权利。如果你有以下问题你可以向当地政府机构或消费者机构咨询：

- 了解消费者权利
- 所要购买的物品或服务有问题
- 了解商家如何依法行商
- 投诉商家

海外学生申诉组织

在澳大利亚，设有海外学生申诉组织调查海外学生对私立教育和培训机构的投诉。海外学生申诉组织工作独立、自由、公正公平。留学生可以在官方网站上了解更多海外学生申诉组织的信息（www.oso.gov.au）。海外学生申诉组织在其官方网站上为留学生设置了电子邮箱式时事通讯，留学生可以在其网站上订阅。如果留学生正在一所公共机构如职业技术与继续深造学院、大学等就读，留学生可以联系当地的海外学生申诉组织，学习如何投诉。在海外学生申诉组织的网站上，留学生可了解海外学生申诉组织的详细工作。

以下是澳大利亚各个州海外学生申诉组织官方网址：

- 澳大利亚首都海外学生申诉组织-www.ombudsman.act.gov.au
- 新南威尔士州海外学生申诉组织-www.ombo.nsw.gov.au
- 北领地海外学生申诉组织-www.omb-hcscc.nt.gov.au
- 昆士兰州海外学生申诉组织-www.ombudsman.qld.gov.au
- 南澳大利亚州海外学生申诉组织-www.ombudsman.sa.gov.au
- 塔斯马尼亚州海外学生申诉组织-www.ombudsman.tas.gov.au
- 维多利亚州海外学生申诉组织-www.ombudsman.vic.gov.au
- 西澳大利亚州海外学生申诉组织-www.ombudsman.wa.gov.au

Unit 5 令人羡慕的学生权利

澳洲留学 全程无忧

学籍学费保护计划

从2012年7月1日起，澳大利亚政府正式开始执行TPS（Tuition Protection Service）学籍学费保护计划，以替代原有的海外学生保护法规。TPS计划适用于所有CRICOS注册院校，CRICOS是澳大利亚联邦政府招收海外学生的院校及课程注册登记系统。简单地说，澳大利亚所有招收国际学生的学校，都要参加TPS计划。参加TPS计划的学校需要上交"强制税"，也就是"保证金"。风险系数越大，学校要交的保证金就越多。保证金每年都被投入到海外学生学费基金中，万一学校倒闭后用于国际学生的转校和退费。如果遇到学校倒闭，学生可以自由申请转到其他学校，转校速度比以前更快。如果学生未能转入开设同类课程的学校，可以要求退费。然后选择入读其他课程，申请其他类别的学生签证或者回国。

支持服务

机构支持服务是澳大利亚教育体系的主要部分。澳大利亚的相关机构为帮助海外留学生适应国外的生活和学习而提供的专业服务。专业服务包括以下内容：

- 语言和学术支持
- 国际留学生专人顾问
- 新生接待和新生辅导
- 医疗健康和咨询服务
- 就业服务
- 祷告室
- 银行、商店、食品服务网点
- 俱乐部、社团、运动健身设施

Chapter 2 校园生活篇

学生协会

澳大利亚设有许多学生协会帮助来自澳大利亚教育机构的留学生。以下为澳大利亚国内两大学生协会：

- 澳大利亚国际学生协会(Council of International Students Australia，简称CISA)——澳大利亚最高学生代表机构，为在澳大利亚公立大学、私立大学、职业与技术教育机构、英语语言学习课程就读的留学生提供服务。
- 澳大利亚海外学生联盟(Australian Federation of International Students，简称AFIS)——协助国际学生最大限度地拓展在澳大利亚生活、学习的范围，优化学习体验。

澳大利亚大多数学校都有其相应的学生协会，留学生可以在其官网上了解更多信息。

残疾人援助

澳大利亚有法律规定，保护包括教育在内的公共生活领域的每个人不受歧视。残疾学生同其他学生拥有相同的权利。以下是对教育机构的相关规定：

教育机构不能拒绝接收残疾学生在其机构学习。

教育机构不能以非优惠规定接收残疾学生（如，收取高额费用）。

教育机构不能否认或限制残疾学生的学习或生活（如，禁止残疾学生远足、禁止残疾学生听讲座或去自习室）。

许多教育机构为残疾学生或具有慢性疾病的学生提供学习帮助。这些帮助包括：提供语音识别软件、提供助听器或记笔记服务。残疾留学生或患有慢性疾病的留学生可以根据自身的特殊需求，入学前几周与学校联系说明自身情况，学校会为其提供相应服务。

教育机构也会不遗余力地为残疾学生提供住宿。然而，如果住宿费用不合理，此类住宿是不被容许的。

Unit 5 令人羡慕的学生权利

打工权益

澳大利亚为保障留学生的合法权益,在澳大利亚全国就业标准中明确了留学生兼职的权利。以下是留学生的十大基本权利:

- 每周最多工作二十小时,加上合理的加班时间
- 要求灵活的工作时间安排
- 育婴假
- 有薪年假,每年有四个星期的带薪年假,某些轮班雇员外加一周假期
- 私人事假、看护假以及丧假
- 社区服务假
- 长期服务假
- 公众服务假
- 解雇通知及遣散费
- 拥有"公平工作(Fairwork)资料说明书"

其他援助服务

在澳大利亚留学,还有其他援助服务需要了解。

紧急事件
联系电话:000
服务详情:生命遭到威胁,如车祸、火灾

当地警察
联系电话:131444(除维多利亚州);在维多利亚州,需拨打当地警察局电话。
服务详情:警察不处理紧急事故

Chapter 2 校园生活篇

救生热线
联系电话：131114
服务详情：救生热线提供危机援助、自杀预防、健康援助。救生热线也包括缓解来自学习、工作、家庭、社会、生理和心理的压力。救生热线可电话聊天援助也可网上聊天援助。

常用词汇

legitimate rights and benefits 合法权益	tort 侵权行为
basic rights 基本权利	harm 伤害
regulation 规定	discrimination 歧视
support service 援助服务	consult 咨询
connect information 联系方式	complaint 投诉
service details 服务详情	ombudsman 申诉专员
professional service 专业服务	official website 官方网站
consumer protection 消费者权益保护	

Unit 5 令人羡慕的学生权利

高频句

1. Where can I get information about international students' rights?
   在哪里我可以了解到关于留学生的权利的信息？
2. What's the overseas student ombudsman?
   海外学生申诉专员是干什么的？
3. What should I do when I'm infringed?
   我被侵权了，该怎么办？
4. This institution serves for international students to protect their rights.
   这个机构为保护留学生权利服务。
5. What service does this institution offer?
   这个机构提供什么服务？
6. If this emergency happens to you, please call 000.
   如果你遇到紧急情况，请拨打000。
7. You should input these contact information in your phone.
   你把这些联系方式输入到你的手机里。
8. If you have some problems, you should consult the overseas student ombudsman.
   如果你有问题，应该去咨询海外学生申诉专员。
9. Lifeline is humanized to solve many problems.
   救生热线很人性化，解决人们的许多问题。
10. I need help because I can't adapt to the life in Australia.
    因为我不能适应澳大利亚的生活，我需要帮助。

CONVERSATION 1
找工作

Colin: I'm going to have a job interview tomorrow.

Chapter 2 校园生活篇

Tommy: Good onya.
Colin: What should I prepare?
Tommy: There must be a résumé.
Colin: I know. They asked me to bring relevant materials.
Tommy: Your visa, your permission to work, and other things that can prove your identity.
Colin: Okay. Thanks.
Tommy: You should check award wage.
Colin: What?
Tommy: The minimum wage in Australia. If they pay you lower than that, don't take it.
Colin: OK. Thanks.
Tommy: There are many things you should know like penalty rates, superannuation fund and tax.
Colin: Oh, I don't pay attention to them.
Tommy: You can get to know from "Fairwork Instruction".
Colin: Thank you very much.
Tommy: It's my pleasure.

WORDS AND EXPRESSIONS 词汇大本营

1. interview   [ˈɪntəvjuː]   n. 接见，采访，面谈
2. congratulation   [kənˌgrætjuˈleɪʃən]   n. 祝贺
3. prepare   [prɪˈpeə(r)]   v. 准备
4. résumé   [ˈrezjumeɪ]   n. 简历
5. permission   [pəˈmɪʃən]   n. 容许，许可
6. minimum   [ˈmɪnɪməm]   adj. 最小值的，最低限度的
7. penalty   [ˈpenəlti]   n. 罚款
8. superannuation   [ˌsuːpərˌænjuˈeɪʃən]   n. 退休金

LANGUAGE POINTS 难点释义

❶ Good onya 澳式英语常用口语，相当于good on you和congratulations，表示"向某人祝贺"。

Unit 5 令人羡慕的学生权利

TRANSLATION 参考译文

科林： 我明天有个工作面试。
汤米： 祝贺你！
科林： 我该怎么准备？
汤米： 一定要准备简历。
科林： 我知道。面试单位让我带着相关的材料。
汤米： 你的签证、工作许可证和其他能证明你身份的文件。
科林： 好的。谢谢。
汤米： 你要核查最低工资。
科林： 什么？
汤米： 澳大利亚规定了最低工资标准。如果他们给你的工资低于最低工资，就不要接受。
科林： 好的。谢谢。
汤米： 还有许多事情你需要了解，比如惩罚利率、养老金基金和税金。
科林： 噢，我没有关注这些。
汤米： 你可以从"公平工作资料说明书"中了解这些。
科林： 非常感谢。
汤米： 不客气。

CONVERSATION 2
申请奖学金

Professor: How can I help you today, Colin?
Colin: Well, I came to talk to you because I want to apply for a scholarship.
Professor: Oh, good. You're an excellent student. I'd be very willing to help you with that.
Colin: Thanks. I really appreciate it. In fact, I do need a letter of recommendation for this scholarship.
Professor: I know about that scholarship. You have to be a student in your junior year, and you have to have a grade point average of 3.7 or higher.
Colin: I'm a junior now, and my GPA is 3.92.
Professor: Excellent. So you'll have a good chance of getting it.

Chapter 2 校园生活篇

Colin: Well, I hope so. The competition is probably pretty heavy. And they want a writing sample too.

Professor: Do you have an essay you want to send them?

Colin: No, they want a special essay. I must write an essay on a particular question they pose. And I came here today to talk to you because… Well, I need to ask two favors.

Professor: Sure. What are they?

Colin: First, I need a letter of recommendation.

Professor: I'd be happy to write one for you.

Colin: And second… Well, I'm not sure if it's normal.

Professor: Do you want me to read your essay?

Colin: Yes, if you could. I mean, if you could read it to make sure there are no mistakes. Or maybe you'd have some suggestions.

Professor: Of course I could read it. No worries. But you need to get it to me soon.

Colin: That would really help me a lot. I'm very grateful.

Professor: Don't mention it. I'm always willing to help good students.

WORDS AND EXPRESSIONS 词汇大本营

1. scholarship ['skɒləʃɪp] n. 奖学金
2. appreciate [əˈpriːʃieɪt] v. 感激，欣赏
3. competition [ˌkɒmpəˈtɪʃn] n. 竞争，比赛
4. particular [pəˈtɪkjələ(r)] adj. 特别的，独有的
5. recommendation [ˌrekəmenˈdeɪʃn] n. 推荐，建议，推荐信

LANGUAGE POINTS 难点释义

❶ apply for 动词短语，表示 "申请……"；与 "apply to" 区别开，apply...to... 表示 "把……运用于……"。

❷ "I appreciate it." 口语用语，表示 "我很感谢"；在口语中，向对方表示感谢，则可以使用该表达。

❸ "Don't mention it." 口语用语，回应感谢或类似感谢的句子时，可以使用此表达。

Unit 5 令人羡慕的学生权利

澳洲留学 全程无忧

TRANSLATION　参考译文

教授： 我今天能帮你些什么，科林？
科林： 嗯，我来跟您谈话是因为我想申请奖学金。
教授： 喔，好的。你是一个很好的学生。我非常愿意帮你。
科林： 谢谢您。我真的很感激。事实上，我的确需要一封申请奖学金的推荐信。
教授： 我知道有关奖学金的事。你必须是三年级学生，而且你的平均成绩要在 3.7 或是更高。
科林： 我现在是三年级，而且我的平均成绩是 3.92。
教授： 太好了。所以你很有可能拿到它。
科林： 我也希望，可是竞争可能很大。他们也希望要有写作的样品。
教授： 你有想要寄给他们的论文吗？
科林： 没有，他们要比较特别的学术性文章。我必须针对他们所提出的某一特定问题写一篇论文。我今天来跟您谈是因为……嗯，我想要请您帮两个忙。
教授： 好啊。是些什么？
科林： 首先，我需要一封推荐信。
教授： 我很乐意帮你写。
科林： 第二……嗯，我不确定这是否可以。
教授： 你要我看你的文章吗？
科林： 是的，如果您可以的话。我的意思是，如果您能帮我看并确认没有问题。或是您可以给一些建议。
教授： 当然，我可以看。那没有问题，但是你需要快一点给我。
科林： 这真的给我很大的帮助，我真的很感谢您。
教授： 别客气。我很乐意帮助好学生。

Chapter 2 校园生活篇

Unit 6
尽享派对生活

　　澳大利亚人天性乐观，非常乐于邀请亲朋好友在周末或假日聚会。派对（Party）是澳大利亚人社交的一种重要方式，大多以联络感情和谈话沟通为主。

　　在澳大利亚派对的名目也是五花八门，而且举行派对的频率也比较高，对于很多留学生而言，几乎每个周末都有派对。不同的主题：有为了庆祝生日的、有为了庆祝毕业的、有为了庆祝单身的，还有为了庆祝和自己分开的恋人复合的，等等。刚到澳大利亚的新移民或者留学生会有这样的疑问："Why do we always have many, different, amazing, funny parties?"，你很有可能遇到的回答就是："Because we like to enjoy life."。

　　烧烤和周末聚餐舞会是这里常见的派对类型。一群好友自带烧烤的食物或者交相对应的钱给主办者。面对大海，一边喝酒，一边吃烤肉的同时亲切地交流彼此的心情。若是聚餐舞会，大家会围绕在篝火边上，尝着彼此带来的不同国家的美食，

跳舞、游戏直到深夜。生日聚会通常是免费的，因为主办者只会邀请和自己关系亲密的朋友。不同的主题会有不同的服装，但基本上参加派对要自己带食物和大家分享。

快速攻略

Tip1

该做何准备去赴约呢?

在受到邀请参加聚会时你应该带些什么呢？通常来说，澳大利亚人都不会空手去参加聚会的，最常见的做法就是带自己喜欢喝的饮料，特别是如果你想在聚会时喝酒精饮料的话，那么你带一瓶酒就可以了，一般男士经常这么做。有时候邀请你参加聚会的请贴上会特别注明"BYO"，这是英语"bring your own"的缩写形式，也就是请自带酒精饮料。如果你受邀参加的是生日派对的话，你可以给主人带一点小礼物或者一束鲜花。如果邀请者主动邀请你参加的聚会并且你和聚会的主人并不是很熟悉，你也可以不用带任何礼物。如果聚会的邀请函上注明"bring a plate"，意思就是你要自己带一些食物与其他人一起分享。这种情况下你可以带一些"finger food"，也就是一些可以直接用手拿起的小吃，这是最保险的一种做法，这些食物包括各种烤制的小点心或者是烤肉串，等等。如果你带一些你自己国家特有的食物，那往往是最受欢迎的，这也可以成为你与其他与会者谈话的起点。一般情况下，女士们会带些蛋糕或者自己国家的传统美食。澳大利亚大部分的派对是AA制，所以大家也很自由和随性。

聚会时，如果表现出腼腆和内向的性格，那是不会再次被邀请的。

Chapter 2 校园生活篇

Tip2

在满眼都是新面孔的派对里，怎样才能感到不尴尬呢？

四处走动，结交新的朋友，多交谈是最好的办法，切记不要只和自己熟识的人待在一起。这样做除了可以多多练习你的英语会话能力之外，还可以认识新朋友，一举两得，何乐不为呢？为了让自己多结识朋友、多多交谈，你可以每次参加聚会前先给自己定一个规则，比如说和所有长头发的女孩都打招呼，或者所有穿新鲜颜色衣服的人都结识一下等等，这样做不仅充满乐趣，重要的是可以和很多平时可能不会接触到的人交谈。说不定，通过这种方式也许你能有奇遇呢。

Tip3

饮食文化一点通

在澳大利亚，用自己的刀叉在公共容器中拿取食物被视为是一种非常不文明的做法，这和国内大家围坐一桌热热闹闹地用自己的筷子从同一个大盘子里取食物的场景大相径庭，所以如果你需要从大盘中拿取食物时请一定要用公用刀叉，并且在用完后将它们放回原处。如果不知道怎么做才符合当地的习惯，最好的办法就是先观察别人的做法，照着做即可。另外，在聚会结束离开时，请不要忘记向男主人或者女主人道谢，告诉他们你度过了一段愉快的时光。

Unit 6 尽享派对生活

Tip4 对话技巧知多少

聚会时，一对一对话也许容易，一对多的社交性对话就相对难一些。首先要知晓如何做介绍。在社交性的对话场合，介绍与会者的顺序并不十分重要，但作为主人你一定要确保与会者都能够知道其他人的姓名，此外也可以顺带说明一下你与被介绍者相识的过程，这样就比较有利于初次见面的与会者稍后展开他们各自之间的对话。如果你在为参加聚会的人做相互介绍时遇到了你也不认识的人，这时你就可以使用"I'm sorry. I don't believe we've met"类似的句子。在参加聚会时我们往往会同时认识很多新朋友，在这种场合中你大可不必每个人都介绍到，不断重复客套话，否则那真是太累了。一般来说你只要礼貌地问候其中的几位朋友，然后面带微笑地对大家点头致意，同时在与每个人握手的时候直视对方的眼睛并说一声"hi"就可以了。

作为与会者，当主人把你介绍给参加聚会的来宾，然后走开忙其他的事情之后，余下的事情就是对你社交能力的一个考验了。不同文化背景和年龄的人往往会觉得这是一个不小的挑战呢。无论如何，请你千万不要在这种场合独坐一隅或者假装浏览主人家书架上的藏书。通常来说，协助主人招待客人是你参与聚会聊天的一种好方式。如果你愿意的话，可以协助主人在与会者中间分发各种小餐点或者饮料，这样你就有机会与客人们互相介绍认识了。当然你千万不要在聚会中从头到尾都充当服务生的角色啊。

加入他人的对话也是一种技巧。你可以先聆听他人的谈话，观察一下这些人是否欢迎你加入他们的谈话。如果他们的谈话涉及一些你不明白的内容，加入对话的机会来了，你可以就此向身边的人进行询问，这样就可以轻而易举地与这些初识的朋友们展开谈话了。

Chapter 2 校园生活篇

Tip5 主动参与,结交新友

对于澳大利亚人来说,如果聚会是在室外进行的,那么主人通常都会安排一些游戏活动或者体育活动,比如各种球类。主人总是希望所有的来宾都参与其中,大家热闹一番之后就会开怀畅饮,成为好朋友了。在这种情况下,我建议你一定要积极参与主人家安排的游戏活动,结交更多的新朋友。

常用词汇

party	share
聚会,派对	分享
social contact	alcoholic drinks/beverage
社交	酒精饮料
communicate	soft drinks
联络,沟通	不含酒精的饮料
celebrate	champers
庆祝	<澳> <口> 香槟酒champagne
barbecue	gift
烧烤	礼物
drink	a bouquet
喝酒	一束鲜花
bevvy	bring a plate
<澳> <口> 饮料(beverage)	每人自带食物大家分享

Unit 6 尽享派对生活

finger food	courtesy
手指食物，小点心	客气话
biccy	outdoor activities
<澳><口> 饼干biscuit	室外活动
hors d'oeuvre	game
（法）正菜前的开胃小菜	游戏
toastie	din-dins
<澳><口>烤三明治toasted sandwich	<澳><口> dinner 晚餐
skewer	tinny
串肉扦	<澳><口> tin can of beer的表达方式
go Dutch	birthdee
AA制	<澳><口> birthday的表达方式
make new friends	prezzie
认识新朋友	<澳><口> present 的表达方式
individual serving	heckers
分餐	<澳><口> hectic的表达方式

高频句

1. What can I bring?
   我能够带些什么呢？
2. Let me introduce you to…
   请允许我向你介绍……
3. This is my friend, …
   这是我的朋友，……
4. Nice to meet you/Pleased to meet you.
   很高兴见到您。

Chapter 2 校园生活篇

5. Sorry, I don't believe we've met.
   抱歉，我想我们没有见过面。
6. Sorry, I didn't catch your name.
   抱歉，我没有记住你的名字。
7. I didn't quite get that joke. Could you explain that?
   我不太明白这个笑话的意思，你能解释一下吗？
8. Can I give you a hand with anything?
   我能帮你做些什么吗？
9. Would you like an hors d'oeuvre?
   你要不要来点开胃小吃？
10. How long have you been in Australia?
    你来澳大利亚多久了？

May: Hey, Angela.
Angela: Oh, Lisa, my friends are here. May, Ryan! Come here.
Ryan: Hi, Angela.
Angela: Glad you could come over here. Lisa and Kevin, I'd like you to meet my friends, May and Ryan. We are in the same class. And I share a house with Lisa and Kevin.
May: Hi Lisa, Kevin.
Kevin: Hi.
Lisa: Nice to meet you. Angela always talks about you.
Angela: I'm sorry. I don't believe we've met.
Ryan: Oh sorry, this is my friend, Andy. He is a student at Sydney University. Andy, this is Angela, Lisa and Kevin.
Andy: Hi, pleased to meet you.
May: Where should I put the pack of chicken skewers?
Lisa: Here, take it to me. Thanks, May. They look delicious.

Unit 6 尽享派对生活

澳洲留学 全程无忧

Ryan: It's a perfect day for a beach barby.
Angela: Yeah, there's a bit of a cool breeze but we can warm up with beach volleyball later.
Lisa: We prepared home-made juice this morning. Help yourself with drinks everyone, and plastic cups in that box.
Andy: Great, anyone for orange juice?
Lisa: Ryan, how do you find Sydney?
Ryan: Oh, it's easy. I just use my cellphone to google.
Kevin: Ha! Did you hear that? She asked you how he found Sydney and he said he googled! Hilarious!
Ryan: Oh, sorry. Did I say anything wrong?
Lisa: No. It's just a misunderstanding. Kevin!
Kevin: It's funny.
Lisa: Perhaps you could help set up for beach volleyball.
Kevin: Oh, all right. You guys just can't have a joke.
Lisa: Please excuse Kevin, Ryan. He's got no manners.
Ryan: That's OK. I just misunderstood the joke.
Angela: When Lisa asked you how you found Sydney, she meant, how do you like Sydney?
Ryan: Oh, I see. It's a little funny.
Angela: But Kevin shouldn't be so rude.
Lisa: Yes, he is expected to be polite with new friends especially.
May: Do you need a hand, Lisa?
Lisa: Thanks, May. You could help me serve up hors d'oeuvres and some sausages. Who'd like a sausage?
Angela: Yes, please! Sausage, my favorite.
Ryan: Me please. They smell delicious!

WORDS AND EXPRESSIONS 词汇大本营

1. pack [pæk] n. 包裹；一组
2. delicious [dɪˈlɪʃəs] adj. 美味的，可口的
3. breeze [briːz] n. 微风；轻而易举的事
4. home-made [ˈhəumˈmeɪd] adj. 自己动手做的；家里做的

Chapter 2 校园生活篇

5. plastic	[ˈplæstɪk]	n. 塑料制品
		adj. 可塑的
6. juice	[dʒu:s]	n. 果汁；肉汁
7. cellphone	[ˈselfəʊn]	n. 手机
8. hilarious	[hɪˈleərɪəs]	adj. 欢闹的；非常滑稽的
9. misunderstanding	[ˌmɪsʌndəˈstændɪŋ]	n. 误解；误会；不和
10. excuse	[ɪkˈskju:s]	vt. 原谅；为……申辩
		n. 借口，托词
11. especially	[ɪˈspeʃəli]	adv. 尤其地；主要地
12. sausage	[ˈsɒsɪdʒ]	n. 香肠，腊肠

LANGUAGE POINTS　难点释义

❶ "Glad you could come over here." 这句句首实际上省略了"I am"，口语中经常省略"I am"，直接用Glad…。

❷ "It's a perfect day for a beach barby." 澳式英语口语中把"烧烤会"简称为"barby"。

❸ "Great, anyone for orange juice?"，"anyone for orange juice"这是口语中省略的说法，意为"有人要橙子汁么？"。

❹ "Ryan, how do you find Sydney?"，"how do you find Sydney?"意为"你认为悉尼怎么样？"，而不是"你如何找到悉尼的？"。

❺ "Thanks, May. You could help me serve up hors d'oeuvres and some sausages. Who'd like a sausage?"，"serve up"指端上桌、上菜，这里上下文的意思是"你可以把这些小点心和香肠端上桌"。

TRANSLATION　参考译文

梅： 你好，安吉拉。
安吉拉： 莉莎，我的朋友来了。梅，赖安，你们过来。
赖安： 你好，安吉拉。
安吉拉： 你们能来我真高兴。莉莎，凯文，来认识一下我的朋友，梅和赖安，我们是同班同学。莉莎和凯文和我一起租房子。
梅： 莉莎，凯文，你们好。
凯文： 你好。

Unit 6　尽享派对生活

莉莎： 很高兴见到你们，安吉拉总是提起你们。

安吉拉： 不好意思，我想我们以前没见过面吧。

赖安： 哦，对不起，这是我的朋友安迪，他是悉尼大学的学生。安迪，这是安吉拉，莉莎和凯文。

安迪： 你们好，很高兴见到你们。

梅： 我应该把这包鸡肉串放哪？

莉莎： 给我吧，谢谢你，梅，这肉串看起来很好吃的样子。

赖安： 今天天气很好，很适合海滩烧烤。

安吉拉： 是啊，有一点凉风，不过一会我们打沙滩排球就会暖和了。

莉莎： 我们今天早上准备了自制的果汁。大家都去拿点喝的，塑料杯就在那个箱子里。

安迪： 太好了，谁要橙汁？

莉莎： 赖安，你觉得悉尼怎么样？

赖安： 哦，小菜一碟。我用手机里的谷歌地图查到的。

凯文： 你们都听到他说什么了？莉莎问他觉得悉尼怎么样，他竟然回答说谷歌查到的。这真是太好玩了。

赖安： 哦，对不起。我说错什么话了吗？

莉莎： 没什么，只是一点误解而已。凯文！

凯文： 太好玩了。

莉莎： 你去帮忙把沙滩排球场地安排好怎么样？

凯文： 好吧。你们这些人真是一点玩笑都开不得。

莉莎： 赖安，请原谅凯文好吗？他实在是有些不拘小节。

赖安： 没事。我只是没理解这个玩笑。

安吉拉： 是这样的，当莉莎问你"how you found Sydney"时，她的意思是说你觉得悉尼怎么样？

赖安： 噢，我明白了。这么说来的确是很滑稽。

安吉拉： 但是凯文不应该那么无礼。

莉莎： 对，对刚结识的朋友尤其应该注意礼貌。

梅： 要不要我帮忙，莉莎？

莉莎： 谢谢你，梅。你可以把这些小点心和香肠端上桌。有人要吃香肠吗？

安吉拉： 我要！香肠是我的最爱。

赖安： 我也要。闻起来真香哦。

Chapter 3
课程篇

Unit 7　多姿多彩的本科课程

Unit 8　含金量最高的研究生课程

Unit 9　选专业原来如此方便

Unit 10　同等重要的必修课和选修课

Unit 11　顺利通过令人紧张的考试

Unit 12　志愿服务让你真正融入当地社会

澳洲留学 全程无忧

Unit 7
多姿多彩的本科课程

澳大利亚以一流的教育质量和高超的研究水平而闻名于世。澳大利亚的大学、职业教育和培训院校在全球得到了广泛认可。澳大利亚的教育和科研活动均处于世界先进水平，绝不逊色于英、美等教育大国，其学历资格被世界各国包括我国广泛承认。你一定好奇，为了培养国家和世界精英人才，澳大利亚的本科课程是如何安排的。本单元将为你一一介绍澳大利亚多姿多彩的本科课程。

快速攻略

澳大利亚主要的综合性大学现共有43所（40所本土大学，2所国际大学和1所私立专业大学）。虽然从大学数量上看，远不如英国和美国，但就在这43所大学中，有17所大学跃居全球名校200强，可谓是"少而精"。在澳大利亚的学生修完12年课程，经州会考获得高中毕业证书后可进入大学学习，接受高等教育。此外，修完澳大利亚文凭课程的学生也可以进入大学继续深造。

Chapter 3 课程篇

本科学制

多数澳大利亚本科课程每年有春、秋两季入学。澳大利亚的大学学制分为3年学制、4年学制、5年学制和6年学制。从类别上看，澳大利亚大学的本科课程分为6个大类，30个小类。6个大类分别是文科、商科、法律、理科、工科和医学。大多数本科专业学制为3年，包括传媒、社会科学、语言学、会计、商务管理、经济学、酒店管理、环境科学、自然科学、计算机、设计和护理等；4年制本科专业包括教育、心理学、社会工作、法律、工程、测量和药学等；5年制本科专业包括牙医学和兽医学；临床医学为6年制专业。

以下简要介绍澳大利亚大学的主要本科课程

	英文全称（缩写）	主要本科课程
悉尼大学	The University of Sydney（USYD）	法律、医学、商业管理、会计、建筑、保健科学、教育
墨尔本大学	The University of Melbourne（UMELB）	人文、生物医药、经济、环境、音乐、科学
阿德雷德大学	The University of Adelaide（ADELAIDE）	食品工艺与葡萄酒科学、环境管理与环境科学、生物科学、数学、计算机
塔斯马尼亚大学	University of Tasmania（UTAS）	医学、法律、计算机、工程、建筑、旅游、护理、计算机专业、会计、经济学、金融、人力资源管理、信息系统、管理、市场学、电子商务
昆士兰大学	The University of Queensland（UQ）	生物技术、热带保健、职业病防治、航空工程、农业科学、社会与科学
西澳大学	The University of Western Australia（UWA）	医学（特别是牙医）、会计、电力工程、土木工程、环境及旅游、矿产专业、生物医药、生态系统研究、石油、天然气和矿藏的采集和开发、自然科学

Unit 7 多姿多彩的本科课程

	英文全称（缩写）	主要本科课程
澳大利亚国立大学	The Australian National University（ANU）	艺术与人文、自然科学与社会科学、工程与科技学、医学、经济学、法学、商学、教育学、政治学、文学、历史与地理学、哲学、心理学、人类学、社会工作与分析、人口统计学、语言学、物理学、化学、生物学、计算机科学、药学、数学、电子与软件系统、建筑学、太空科学、地质学、地球科学、农业科学、兽医科学、食品与营养科学、海洋与植物科学、生态与环境科学
新南威尔士大学	The University of New South Wales（UNSW）	建筑、人机工程、化工、商法、经济、食品加工、水利工程制造、工业设计、法律、机械工程、岩石学、石油化工、物理、项目管理、生产管理、社会科学、医科、商科、艺术
新英格兰大学	The University of New England（UNE）	计算机科学、商业金融管理、生物技术、农业经济、环境保护、地质矿业、教育管理、英文教学、护理与医卫管理等
莫纳许大学	Monash University（MONASH）	商业与经济、工程、信息技术、医学、护理和保健、艺术和设计、科学、法律、教育、文科
拉筹伯大学	La Trobe University（LA TROBE）	会计学、经济学、管理、信息系统、法律和商业
麦考瑞大学	Macquarie University（MACQUARIE）	心理学、古代历史、精算研究、地质学、蛋白质学、幼儿早期教育、语言学、环境科学
纽卡斯尔大学	The University of Newcastle（UON）	建筑学、工程学、医学、护理学
佛林德斯大学	Flinders University（FLINDERS）	医学、护理学、康复服务、助产护理、膳食学、外科、物理疗法、公共健康管理、言语病理学、行为科学、心理学、法律/法律研究、商业法律、刑事司法
詹姆斯·库克大学	James Cook University（JCU）	环境保护、地球科学、海洋生物学、国家资源管理、热带生物学、生态旅游学
格里菲斯大学	Griffith University（GRIFFITH）	音乐、酒店管理、商科

Chapter 3 课程篇

	英文全称（缩写）	主要本科课程
莫道克大学	Murdoch University（MURDOCH）	贸易、信息技术、政治学和国际研究、工程学、环境科学、数学和物理科学、社会科学、人类学、教育学、媒体研究、通信研究
迪肯大学	Deakin University（DEAKIN）	艺术、教育、健康和行为科学、经济和法律、科学和技术
卧龙岗大学	University of Wolonggang（UOW）	多媒体与游戏开发、数码系统安全、软件工程、企业系统开发、移动电子、电子商务、网络设计与交际策略管理、网络设计与开发
科廷科技大学	Curtin University of Technology（CURTIN）	工程、信息技术、物理与理论科学、天文学、健康科学、珠宝设计专业
查尔斯·达尔文大学	Charles Darwin University（CDU）	环境科学和管理、动物学及农业临床科学、生物医学、微观生物学以及公共卫生、商科、会计
悉尼科技大学	University of Technology, Sydney（UTS）	商业、咨询科技、通信、设计、建筑经济、数学、科学和工程
昆士兰科技大学	Queensland University of Technology（QUT）	会计、金融、管理、市场、大众传播、经济、人力资源管理、国际商业、公共关系管理、电子商务、软件、信息系统、软件工程、信息管理、传媒设计、数字多媒体、土木工程、工业设计、室内设计、项目管理、都市与区域计划、工程管理、景观建筑学、环境工程、通信技术、医疗影像、生物学、心理学、健康服务管理、人类运动研究
邦德大学	Bond University（BOND）	商业、酒店管理、国际商学、资讯系统、电子商贸、工商管理、会计学、金融学、管理学、信息技术、信息系统、科学、信息技术管理、商业法律、法理学、法律学、法律科学
西悉尼大学	University of Western Sydney（UWS）	中小学教育、行为健康学、体育锻炼学、休闲与健康、职业疗法、视力矫正、物理疗法、言语病理学、护理、医药、营养理科学、牙医外科

Unit 7 多姿多彩的本科课程

澳洲留学 全程无忧

	英文全称（缩写）	主要本科课程
堪培拉大学	University of Canberra（UC）	管理及管制、商业法、城市管理、微观模型、旅游、海关、农业经济、淡水生态
查理斯特大学	Charles Sturt University（CSU）	会计学、商业管理、市场营销、商业研究
澳大利亚圣母大学	The University of Notre Dame Australia（UNDA）	医学、法律、教育、护理、会计、金融、物理治疗、心理辅导、健康科学和神职人员
维多利亚大学	Victory University（VU）	传媒、旅游酒店市场营销
澳大利亚天主教大学	Australian Catholic University（ACU）	护理、教育、商科、社工
埃迪斯·科文大学	Edith Cowan University（ECU）	大众传媒、商科、待客和旅游、计算机、航空、护理
南澳大学	University of South Australia（ACU）	助产、护理、食品营养、放射、足疗、药剂学、建筑设计
南昆士兰大学	University of Southern Queensland（USQ）	生物技术、生物化学、生物医学、植物学、动物学和兽医学
皇家墨尔本理工大学	The Royal Melbourne Institute of Technology（RMIT）	设计、航空航天、汽车、环境和基础设施建设、服装和纺织、教育、IT、传媒、健康和社区服务、工程与技术、物流、商业信息技术
斯文本科技大学	Swinburne University of Technology（SWINBURNE）	电脑与信息技术、工程技术、设计课程
中央昆士兰大学	Central Queensland University（CQU）	商科、教育、工程
巴拉腊特大学	University of Ballarat（UB）	信息科学、信息技术
南十字星大学	Southern Cross University（SCU）	亚热带森林、海岸管理、环境地理化学、运动学、体育管理
阳光海岸大学	University of the Sunshine Coast（USC）	商科、旅游管理

Chapter 3 课程篇

常用词汇

undergraduate major	discipline
本科专业	学科，科目
bachelor degree	preponderant subject
学士学位	优势学科
arts	accounting
文科	会计
science	business studies
理科	商科
professional course	medicine
专业课程	医学
core course	economics
核心课程	经济学
required course	law
必修课程	法学
advanced course	literature
高级课程	文学
course request card	psychology
课程申请卡	心理学
class schedule	
课程表	

高频句

1. Have you taken your course?
   你的课选好了吗？

Unit 7 多姿多彩的本科课程

2. I haven't made up my mind to take courses, and I'm still shopping around, looking at various courses.
   我选课还没有拿定主意，我还在观望，先了解一下各门课的情况。
3. I heard that this course was supposed to be very tough.
   我听说这门课应该很难。
4. What do you think of this course?
   你觉得这门课如何？
5. Do you offer a course in business management?
   你们开设商务管理课程吗？
6. I'm an accounting major and this is my required course.
   我是会计专业的学生，这是我的必修课。
7. You're supposed to take nine courses each year, six of which are required and three of which are optional. Here's a list of the optional courses you can take.
   你每年要修9门课程，6门必修，3门选修。这是列出的可供选择的选修课程。
8. They will study mostly required courses during the first year. Later they will specialize some courses in one subject.
   他们大一主要学习必修课。以后，他们将专修一个学科的一些课程。
9. I still need three more credits in law. Maybe I'll take business law next quarter.
   法学我还要再修3学分，或许在下学期我修商业法律。
10. I'm looking for some interesting courses to finish my electives.
    我想找些有趣的课程来完成我的选修课。

CONVERSATION 1

选课

Colin: Carly, would you please give me some advice?
Carly: What advice?
Colin: Well, I've put off doing my arts requirement till now. I haven't learned any arts courses for three years.

Chapter 3 课程篇

Carly: And if you want to graduate this year, you've got to take an arts course.
Colin: Right. Since you're majoring in arts, I figure that you know well about arts courses.
Carly: Well, I reckon what you need is a good introductory course.
Colin: Yes, and I'm really weak in literature.
Carly: You'd better avoid Shakespeare Literature and Western Literature. How about Australian History?
Colin: That's a good idea. It even fits in with my hobby.

WORDS AND EXPRESSIONS 词汇大本营

1. requirement [rɪˈkwaɪəmənt] n. 要求，必要条件
2. graduate [ˈgrædʒueɪt] v. 毕业，授予……学位
3. arts [ɑːrts] n. 文科
4. Shakespeare [ˈʃeɪkspɪə] n. 莎士比亚

LANGUAGE POINTS 难点释义

❶ put off 常用意思为"推迟，搅扰，取消"，此处意为"推迟"。
❷ had better 意思为"最好"，可将其视为情态动词，可用于一切人称，没有任何词形变化。
❸ be weak in 常用短语，意思为"在……方面不擅长"；其反义词 be good at/ do well in。

TRANSLATION 参考译文

科林： 卡莉，我想征求一下你的建议。
卡莉： 关于什么的？
科林： 嗯。我已经推迟三年没有选文科的课程了。
卡莉： 如果你想要今年毕业，你必须要选一门文科课。
科林： 是啊。因为你是学文科的，我想你对文科的课程很了解。
卡莉： 好的。我觉得你需要学一门好的入门课程。
科林： 是啊。不过我的文学很差。
卡莉： 你最好不要学莎士比亚文学和西方文学。澳大利亚历史如何？
科林： 好主意。这门课我喜欢。

CONVERSATION 2
课程登记

Colin: Excuse me?

Clerk: No worries.

Colin: Is this where I register? I'd like to sign up for my courses for next semester.

Clerk: Yes, of course. I need your student ID, please.

Colin: Here you are.

Clerk: Okay, Colin. It says here that you are a business major and you are in your second year. Is this information correct?

Colin: Yes. I do want to take some additional credits this year to get a minor in psychology.

Clerk: Sure. That's not a problem. Do you have the list of courses you want to take this semester?

Colin: Yeah. Here's my list. I'm not sure if the class schedule will allow me to take all of them though.

Clerk: Yeah, that's perfect. What about the subjects for your minor?

Colin: Oh, yeah, almost forgotten! I need to take Fundamental Linguistics, Consumer Psychology and Neuroanatomy.

Clerk: Wow, you are going to be busy this semester! Okay, here you go. You have registered now. You'll have to make your tuition payment first before classes start.

Colin: Thanks.

WORDS AND EXPRESSIONS 词汇大本营

1. register ['redʒɪstər] v. 登记，注册
2. additional [əˈdɪʃənl] adj. 附加的，额外的
3. psychology [saɪˈkɒlədʒi] n. 心理学
4. fundamental [ˌfʌndəˈmentəl] adj. 基本的，根本的
5. neuroanatomy [ˌnjʊərəʊəˈnætəmɪ] n. 神经解剖学
6. tuition [tjuˈɪʃn] n. 学费，讲授

Chapter 3 课程篇

LANGUAGE POINTS 难点释义

① no worries 澳大利亚人特别喜欢用这句，意思是"没问题、没关系"。有人跟你说Ta，你可以跟对方说no worries；有人跟你说sorry，你可以跟对方说no worries；有人跟你说excuse me，你可以跟对方说no worries。

② sign up 固定短语，意思为"注册、登记"。

③ allow sb. to do sth. 固定搭配，意思为"容许某人做某事"，后接不定式。

④ need to do sth. 固定搭配，意思为"需要做某事"，后接不定式。

TRANSLATION 参考译文

科林： 打扰一下。

办事员： 没关系。

科林： 请问这里是登记处吗？我想要注册下学期的课程。

办事员： 是的，当然可以。我需要你的学生号。

科林： 给你。

办事员： 好的，科林。这上面显示你是商业专业的学生，现在读大二。这个信息正确吗？

科林： 正确。我今年确实想要多得一些学分来辅修心理学。

办事员： 没问题。你有这学期要学的课程名单吗？

科林： 哦，这是名单。不过我不确定课程表是否允许我修所有这些课程。

办事员： 很不错。你的辅修科目是什么？

科林： 哦，是的，我差点儿忘了！我需要学基础语言学、消费心理学和神经解剖学。

办事员： 哇，那你这学期可要忙了。那就这样。你已经登完记了。在开课前你必须先将学费付了。

科林： 谢谢。

澳洲留学 全程无忧

Unit 8
含金量最高的研究生课程

在澳大利亚读研究生的学费适中，学制短，教育水平高，性价比高；澳大利亚的研究生学历世界认可度高，因此赴澳就读研究生的学生越来越多。澳大利亚的研究生教育究竟是什么样的？本单元将介绍澳大利亚的研究生教育体系，为赴澳大利亚的留学生解开谜团。

快速攻略

澳大利亚的教育体制跟随英国的教育体制，澳大利亚的硕士学位也分为授课类（Coursework）和研究类（Research）两类；博士学位是澳大利亚的大学所授予的最高学位。

授课类硕士学位

授课类硕士学位主要是为留学生设立的，澳大利亚本国的学生很少攻读授课类硕士学位，其以听课、课堂讨论和考试的方式获得学分。

研究生证书阶段课程（Postgraduate Certificate）

澳大利亚以其对教育的严谨性和众多的世界知名大学而著称，但

Chapter 3 课程篇

是政府承认的大学可接纳的学生数量有限,大部分学校不接收没有本科学位的学生申请硕士学位课程,甚至我国专升本的学生也受到申请学校限制。

个别大学接收大专学生,其要有丰富的工作经历和相应的专业背景,而且所接收专业比较单一,通常多为商科专业。

专科生选择赴澳攻读硕士,多为解决自己学历上的遗憾,通常希望能够选择一个排名靠前的大学。这种方式毕竟是专科学生可以攻读硕士研究生比较好的渠道。

研究生文凭阶段课程(Postgraduate Diploma)

有些大学考虑学生成绩或者专业背景不符合标准,会建议学生读研究生文凭阶段课程,通常学制1年。学生根据学习情况决定以后是否可以攻读硕士学位课程。很多著名大学对中国学生的大学排名、学生国内大学成绩要求很高,甚至要求平均分80~90分以上。学生如果成绩达不到,但又想进入名校学习,研究生文凭阶段课程是非常好的选择,学生进入后可以通过自己后来的努力程度继续晋级。

研究生学位课程(Master)

研究生学位课程通常设置的时间是1.5年或2年,少数学校专业是1年制的,入学要求由于学校和专业的不同而变化。一般需要本专业背景,如非本专业学生需要有相关工作背景,或是需要加上半年的基础课程。

研究类硕士学位

研究类硕士课程招生对学生数量和质量都有很高要求,一般情况需要学生本人和教授联系,看学校是否有相关项目课题,有些大学的某些专业甚至需要在申请时提交开题报告进行评估。课

程当中学生需要上交大量论文，并有机会申请免学费的奖学金，学生课程的完成很大比例来自协助教授完成的工作。研究类的硕士学位不易申请，也不易毕业，澳大利亚更看重研究类硕士毕业生。

博士学位

攻读博士学位（Doctor of Philosophy）大多需要3~4年，博士学位是澳大利亚的大学所授予的最高学位。博士学位课程是一种研究性的学位课程，但其中一部分课程也可以授课方式教授。要想获得博士学位，学生需要的条件：

1. 通过文献、实验或者其他系统方法对本专业知识体系所做的研究进行的探索和分析；

2. 参与在某一专业或者研究领域内对该学科理论及知识的应用做出重大贡献的研究项目；

3. 所写论文论述所做的研究与本学科主要框架关系的内容翔实、条理清楚。

申请澳大利亚的博士，可以优先考虑八大名校，但一定要关注各校的某一研究领域与你的匹配度如何。有些学校虽然不是八大名校，但可能你所感兴趣的某些研究领域会处于澳大利亚的领先地位或者是国际知名的。建议学生在申请博士时，一定要细心地在该大学网站寻找合适的导师和研究项目，清楚了解信息，明确目的后再开始行动。

澳大利亚的博士留学生的入学要求及建议

很多学生会误解只要成绩优秀就可以申请博士课程。事实上，博士申请最看重的是学生的研究能力。一般建议如下学生申请：

1. 学术硬件条件，即你的大学GPA成绩，分数越高越好。

2. 在大学或者工作期间有研究过相关的课题，尤其是有过论文、文章的发表，如果是在公认的报纸杂志上发表过更好。

Chapter 3 课程篇

3. 明确了自己的研究方向，且在国内或者国外有导师的推荐或者指导。

申请资料一般包括：推荐信、个人简历、研究计划、大学学历证书和成绩单、获奖证书。

以下简要介绍澳大利亚的大学主要的研究生课程

	英文全称(缩写)	授课类硕士课程	研究类硕士课程	博士类课程
悉尼大学	The University of Sydney （USYD）	商学（专业会计方向）；农学、可持续农学；设计科学（建筑方向）、设计科学（建筑服务方向）、设计科学（可持续设计方向）、城市与区域规划、城市设计；设计学、表演、工作室艺术；牙科理学；经济学	理学；建筑学；音乐、视觉艺术；牙科理学；哲学；针对教育者的当代教育艺术、教育、教学；应用科学；音乐	公共健康；文学；司法研究
墨尔本大学	The University of Melbourne (UMELB)	会计学、应用商学（会计学方向）；林业学、水资源管理、农业商业；建筑学；监管建筑、房地产与建筑、城市设计、城市规划	农业商务、农学、森林学、园艺学、自然资源管理、木材学；建筑学、建筑学（设计方向）；建筑、景观建筑学、规划与设计；	教育；公共健康；教育心理学

Unit 8 含金量最高的研究生课程　77

	英文全称(缩写)	授课类硕士课程	研究类硕士课程	博士类课程
阿德雷德大学	The University of Adelaide (ADELAIDE)	农学和农学体系、农作物保护、园艺学、酒类研究、植物科学、葡萄酒商务；建筑学、建筑学（数字媒体方向）；景观建筑学；工商管理、高级工商管理、管理学、项目管理、科技商务；计算机科学	农业生物工艺学、农业商务、农业科学、动物繁殖、土壤管理与保护、葡萄栽培；建筑学；建筑科学、设计研究（景观方向）、景观建筑学、城市设计；商学	临床牙医
塔斯马尼亚大学	University of Tasmania（UTAS）	应用科学（水利学专业）	应用科学（水利学专业）；建筑学	
昆士兰大学	The University of Queensland (UQ)	会计；农业商务、农业研究、水利学、自然资源研究、植物保护、农村系统管理；建筑研究；发展规划、区域发展、城市与区域规划	牙科理学	牙科理学；教育；社会科学
西澳大学	The University of Western Australia (UWA)	会计学；理学（自然资源管理专业）；区域发展	理学（农学专业）、理学（园艺学）、理学（自然资源方向）、理学（葡萄栽培专业）；建筑学；建筑科学、环境设计、环境设计、景观管理学	教育；心理学

Chapter 3 课程篇

	英文全称(缩写)	授课类硕士课程	研究类硕士课程	博士类课程
澳大利亚国立大学	The Australian National University（ANU）	林业学；精算、工商管理、商学（会计专业、商业法专业、电子商务专业、金融专业、管理学专业）、发展管理、环境管理与发展、金融学、财务管理、基础设施管理、管理学、管理学（技术方向）、高级工商管理、公共政策、公共政策（特定专业）	环境法、政府与商法、法学、法律研究；哲学	司法科学（商法、环境法、国际法、司法科学、公共法方向）；心理学博士（临床专业）
新南威尔士大学	The University of New South Wales (UNSW)	建筑学、建筑管理；工业设计、理学管理、城市发展	法律与管理	司法科学
新英格兰大学	The University of New England (UNE)	自然资源、理学（农学）	资源学、农村学；城市与区域规划	
莫纳什大学	Monash University (MONASH)	会计、商学；葡萄酒技术与市场营销；设计学	设计学	
拉筹伯大学	La Trobe University (LA TROBE)	教育、教育领导和管理；教学法	农业科学	教育；心理学、临床神经心理学
麦考瑞大学	Macquarie University (MACQUARIE)	会计、商学（会计与金融方向）；可持续发展		应用科学

Unit 8 含金量最高的研究生课程

	英文全称(缩写)	授课类硕士课程	研究类硕士课程	博士类课程
纽卡斯尔大学	The University of Newcastle (UON)	应用管理学（建筑学方向）	建筑学	
佛林德斯大学	Flinders University (FLINDERS)	文学（应用社会及市场调研专业）、工商管理（国际商务专业）、国际工商管理（应用人口统计学、社会学方向）、政策及管理、公共管理、国际工商管理；教育	理学；文学；法律；外科；注册助产士助产学、护理学	国际工商管理、国际商务；公共健康
詹姆斯·库克大学	James Cook University (JCU)	旅游业；应用理学、生物医学、国家地球科学、心理学；护理研究、高级护理实践；公共管理与热带医学、乡村与远程医学；文化遗产、社会政策、女性研究；公共健康；教育；信息技术	热带动物学、热带植物学	公共健康；心理学
格里菲斯大学	Griffith University (GRIFFITH)	商学（会计与金融方向）、会计；航空管理、银行及金融学、工商管理、金融规划、人力资源管理、国际商务、管理学、市场营销管理、采购管理、公共部门管理（公共管理方向）、战略信息系统、战略信息系统管理、技术管理	哲学；视觉艺术、心理学；护理学；自然科学；理学	视觉艺术；教育；心理学

	英文全称(缩写)	授课类硕士课程	研究类硕士课程	博士类课程
莫道克大学	Murdoch University (MURDOCH)	水利学；文学；自然系统工程；教育	法律	教育
迪肯大学	Deakin University (DEAKIN)	工商管理、商学、商业法、电子商务、国际商务	建筑学；建筑	
卧龙岗大学	University of Wolonggang (UOW)	会计学、法务会计、会计；应用金融（银行专业）、文学（海运政策）、工商管理；计算机科学、计算机研究、计算机新技术；创意艺术；经济学；教育；工程研究	商学；计算机科学、理学、信息和通信技术；文学、创意艺术；经济学；教育	
科廷科技大学	Curtin University of Technology (CURTIN)	商学（会计学方向）、会计学；可持续性研究；文学（城市设计）、文学（城市研究方向）、理学（建筑研究）；高级工商管理、工商管理、商学、企业管理、电子市场、财务学、财务规划、未来研究、人力资源发展、人力资源管理、国际商务、国际财务、国际贸易、领导力和管理、市场营销、政策服务、程序管理、会计学、财产学、定量财务、理学、战略市场、战略采购、税务学	商学（会计专业）；农村管理、农村技术、理学（自然资源）；建筑学；城市与区域规划、文学（规划方向）、文学（城市研究）、理学（建筑研究方向）	商业管理；创造艺术（交流与文化研究专业）、创造艺术（文化遗产研究专业）、创造艺术（设计专业、媒体艺术）；数学教育、科学教育；石油工程

	英文全称(缩写)	授课类硕士课程	研究类硕士课程	博士类课程
悉尼科技大学	University of Technology, Sydney (UTS)	商学（会计专业）、商学（会计与金融专业）；设施管理、规划学、项目管理、房地产发展	商学硕士（会计专业）；建筑学	司法科学
昆士兰科技大学	Queensland University of Technology (QUT)	商学（专业会计方向）；城市与区域规划；商学、创意产业、企业领导		项目管理；创意行业
邦德大学	Bond University (BOND)	会计学；高级工商管理、工商管理、商业法管理、金融学、信息技术管理、法学、商业法、电子商务、金融学、国际商务、国际管理、国际关系	商学；理学；法律；行为管理；教育	
西悉尼大学	University of Western Sydney (UWS)	会计、法学；应用科学（农业与农村发展专业）、园艺学；建筑测量	法律	
堪培拉大学	University of Canberra (UC)	会计学、预算设计和控制、管理和组织分析、管理信息；应用科学（资源管理专业）；建筑学；设计学（景观建筑学专业）、	环境设计、工业设计、城市与区域规划；人力资源开发	

Chapter 3 课程篇

	英文全称(缩写)	授课类硕士课程	研究类硕士课程	博士类课程
堪培拉大学		设计学（城市设计方向）、城市管理；工商管理、雇用关系、设施管理、国际商务、国际金融、公共管理		
查理斯特大学	Charles Sturt University (CSU)	会计学、商学；应用科学（农业专业）；应用财务（财务方向）、工商管理、工商管理（海外）；电子商务、应急管理、人力服务管理、行业关系、管理、市场营销		健康科学、公共健康；公共政策；心理学（临床心理学、法医心理学方向）
澳大利亚圣母大学	The University of Notre Dame Australia (UNDA)	商学、工商管理（电子商务、金融、人力资源管理、自然资源管理方向）、高级工商管理、电子商务		工商管理
维多利亚大学	Victory University (VU)	商学（专业会计）；商学、商务管理、工商管理	商学（会计与金融专业）	工商管理；司法科学；心理学
澳大利亚天主教大学	Australian Catholic University (ACU)	文学（领导力）、管理学；信息系统		教育
埃迪斯·科文大学	Edith Cowan University (ECU)	会计；商学、工商管理、电子商务、人力资源管理、国际商务、专业市场营销、工业市场营销、战略工程管理		工商管理（信息管理专业）（信息管理、信息系统方向）；心理学（产业与机构专业）

Unit 8 含金量最高的研究生课程

	英文全称(缩写)	授课类硕士课程	研究类硕士课程	博士类课程
南澳大学	University of South Australia (ACU)	商学（会计方向）；城市与区域规划	建筑学；建筑	工商管理；临床药学
南昆士兰大学	University of Southern Queensland (USQ)	会计；工商管理、商学、商业法、电子商务（电子商务方向）		工商管理；心理学
皇家墨尔本理工大学	The Royal Melbourne Institute of Technology (RMIT)	商学（会计方向）、会计；社会科学（环境与规划方向）	商学（会计专业）；建筑学；建筑学（室内设计方向）、文学（室内设计方向）、设计学（工业设计方向）；景观建筑	
斯文本科技大学	Swinburne University of Technology (SWINBURNE)	会计学；设计学（工业设计）、设计学（室内设计方向）、技术管理（建筑管理）		工商管理、专业工商管理学
中央昆士兰大学	Central Queensland University (CQU)	会计；工商管理；电子商务；财务管理、人力资源管理、市场管理	可持续发展	专业研究（数字经济方向）
巴拉腊特大学	University of Ballarat (UB)	工商管理、商业管理	商学	
南十字星大学	Southern Cross University (SCU)	会计		
阳光海岸大学	University of the Sunshine Coast (USC)		工商管理（商务与管理方向）、金融规划	工商管理

Chapter 3 课程篇

常用词汇

postgraduate	biochemistry
研究生	生物化学
doctor	physics
博士	物理学
coursework master	physical geography
授课类硕士	自然地理
research master	literature
研究类硕士	文学
postgraduate certificate	sociology
研究生证书	社会学
postgraduate diploma	linguistics
研究生文凭	语言学
MS (Master of Science)	psychology
理学硕士	心理学
MA (Master of Arts)	philosophy
文学硕士	哲学
term paper	engineering
学期论文	工程学
project thesis	medicine
毕业论文	医学
dissertation	social science
学位论文	社会科学
biology	agriculture
生物学	农学
chemistry	astronomy
化学	天文学

economics	banking
经济学	银行学
politics	finance
政治学	金融学
commercial science	mass communication
商学	大众传播学
anthropology	journalism
人类学	新闻学
accounting	architecture
会计学	建筑学
law	business administration
法学	工商管理学

高频句

1. How many credits in all?
   总共修了多少分？
2. Which majors are available to international students?
   哪些专业向留学生开放？
3. The geography of Australia is my major interests.
   我对澳大利亚地理很感兴趣。
4. Here is the list of required courses.
   给你必修课程列表。
5. Electives can broaden our horizons.
   选修课可以拓宽我们的视野。

6. Is there any credits given for audited courses?
   旁听课也有学分吗?

7. I graduated from Fudan University in Journalistic Communications. I come to Australia as a graduate student.
   我毕业于复旦大学新闻传播专业,来澳大利亚攻读研究生。

8. Is there anything else besides 32 credits for the Master's Degree?
   除了要修满32学分外,还要达到什么要求才能拿到硕士学位?

9. Ten to fifteen sources are usually the minimum number for a paper.
   一篇论文通常至少要有10~15个来源。

10. I'm not happy about this conclusion.
    我对这个结论不太满意。

CONVERSATION 1
选课修学分

Colin: G'day, Dr. Green. Do you have a minute?

Dr. Green: Yes, come in.

Colin: I'm Colin, one of your advisees. I've got a few questions.

Dr. Green: Go ahead.

Colin: How many credits are required to get a Master's Degree?

Dr. Green: Usually about thirty five credits. If you take three to four courses per term, you'll have enough credits after four or six semesters. Usually each course is worth two to four credits. To get the five credits, you either prepare a thesis or take two more courses.

Colin: What's the rule about audited courses?

Dr. Green: As a graduate, you have the right to audit whatever courses might interest you.

Colin: Is there any credits given for audited courses?

Dr. Green: No, no credits are given, and audited courses don't show up on your records. But you have to pay the same fee as the regular students and the professor counts you in the roll call, too.

Colin: Do I have to do any assignment or take any test?

Dr. Green: No, you don't.

Colin: Is there anything else besides 35 credits for the Master's Degree?

Dr. Green: You have to take an oral examination.

Colin: How long does that take?

Dr. Green: About two hours. If you don't pass that test, you're not allowed to graduate.

Colin: Sounds terrible. Do they do the same thing for a Doctor's Degree?

Dr. Green: Yes, but you have to submit a long paper called a dissertation.

Colin: I see. Thanks for being so helpful.

Dr. Green: No worries.

WORDS AND EXPRESSIONS 词汇大本营

1. semester [sɪˈmestə(r)] n. 学期
2. thesis [ˈθiːsɪs] n. 论文
3. audit [ˈɔːdɪt] v. 旁听
4. assignment [əˈsaɪnmənt] n. 分配，任务，作业
5. submit [səbˈmɪt] v. 使服从，递交，主张
6. dissertation [ˌdɪsəˈteɪʃn] n. 学位论文，专题论文

LANGUAGE POINTS 难点释义

❶ the same... as 表示"与……一样"。
❷ be required to do sth. 固定用法，表示"被要求做某事"。
❸ be allowed to do sth. 表示"被容许做某事"。

TRANSLATION 参考译文

科林： 格林教授您好，您有时间吗？

Chapter 3 课程篇

格林教授： 有时间，进来吧。

科林： 我是科林，受您指导选课的学生之一，我有些问题想向您讨教。

格林教授： 说吧。

科林： 拿到硕士学位需要修多少学分？

格林教授： 一般要修大约35学分。如果每学期修3~4门课，你用4个或6个学期就可修够所有学分了。一般每门课是2~4学分。剩下的5学分，你可以准备一篇论文或再选其他两门课。

科林： 旁听课程有什么规定吗？

格林教授： 所有的研究生均可旁听任何感兴趣的课程。

科林： 旁听课有学分吗？

格林教授： 没有学分。旁听课不计入你的成绩单。但你要和正式学生一样付同样的学费，而且教授也把你记入点名册中。

科林： 旁听生也要做作业或参加考试吗？

格林教授： 不需要。

科林： 除了修满35学分外，还要达到什么要求才能拿到硕士学位？

格林教授： 还要参加口试。

科林： 口试需要多长时间？

格林教授： 大概2小时。如果你不能通过口试，就不能顺利毕业。

科林： 听起来好可怕。博士学位也是这样吗？

格林教授： 是的。而且还要交一份长篇学位论文。

科林： 明白了。谢谢教授。

格林教授： 不客气。

CONVERSATION 2
论文指导

Colin: Dr. Smith, can you help me for a moment?

Dr. Smith: Of course. What can I do for you?

Colin: I started to write my research paper a few days ago. But I found it difficult for me to arrange the information properly.

Dr. Smith: Did you take notes?

Colin: Yes. I have cards and notes from different sources.

Dr. Smith: Good. In my opinion, note cards should be arranged according to the outline. You need identify the central thought in each group and then expand the idea with examples, comparisons, contrasts and analogies.

Colin: How should I start my essay?

Dr. Smith: If possible, you may as well put the most striking paragraph at the beginning.

Colin: OK. I'll kick it around a while and try what you have told me.

Dr. Smith: Just try. You'll get it soon.

Colin: I'll go in boots and all for the paper, Dr. Smith.

WORDS AND EXPRESSIONS 词汇大本营

1. research [rɪˈsɜːtʃ] n. 研究调查
2. outline [ˈaʊtlaɪn] n. 大纲
3. identify [aɪˈdentɪfaɪ] v. 确定，识别，找到，发现
4. expand [ɪkˈspænd] v. 扩张，使膨胀，详述
5. comparison [kəmˈpærɪsn] n. 比较，对照
6. contrast [ˈkɒntrɑːst] n. 对比
7. analogy [əˈnælədʒi] n. 类比
8. striking [ˈstraɪkɪŋ] adj. 显著的，突出的，惊人的

LANGUAGE POINTS 难点释义

❶ find it adj. to do sth. 表示"发现做某事……"。

❷ in one's opinion 固定用法，表示"以某人看来"，表达个人观点。

❸ if possible 是"if it is possible"的省略表达，表示"如果可能的话"。

❹ according to 主要用来表示"根据"某学说、某书刊、某文件、某人所说等或表示"按照"某法律、某规定、某惯例、某情况。

❺ boots and all 澳式口语，意思是"全力以赴地"。

Chapter 3 课程篇

TRANSLATION 参考译文

科林： 史密斯博士，您可以帮助我一下吗？
史密斯博士： 当然。你需要什么帮助？
科林： 几天前我已经开始写我的研究论文了。但是我发现很难把收集的资料很好地组织到一起。
史密斯博士： 你做笔记了吗？
科林： 做了。我把不同来源的材料记在卡片上了，而且记了笔记。
史密斯博士： 很好。我认为，笔记卡片应该按照文章提纲排列起来。你需要找出每组的中心思想，然后用举例、比较、对比和类比的方法把你的想法展开。
科林： 我该怎么开篇呢？
史密斯博士： 如果可能的话，你不妨把最引人注目的段落放到第一段。
科林： 好。我会仔细考虑，按照您告诉我的方法试试。
史密斯博士： 试试吧。你很快会做好的。
科林： 我会全心全意写好论文的，史密斯博士。

澳洲留学 全程无忧

Unit 9
选专业原来如此方便

　　出国留学选什么学校困扰留学生和家长，选什么样的专业也同样困扰留学生和家长。澳大利亚学校的数量不多，但是专业却很丰富。而且，近年来在就业压力严峻的形势下，人们对专业的选择越来越慎重。到澳大利亚留学，应该选择什么样的专业呢？本单元将解读澳大利亚的热门专业。

快速攻略

以下为赴澳大利亚留学的热门专业：

工程专业

　　工程专业涉及面相当广，如汽车、航空、结构、化学、电子、环境、冶金、材料、矿业、石油等。毕业生的就业范围相当广，从事技术或者转型管理，选择多向，收入有保障。在中国就业前景也很好。中国的工业经济快速发展，未来的发展空间还很大，相应的对这方面的人才需求就很多，比如：土木工程类人才、电子工程、化工工程、食品工程、矿业工程类人才。这个专业将使你掌握工程管理领域的方法和细则以及工程方面的技术技能，为培养技术管理的复合型人才提供了良好的平台。无论你是工程类的背景想提高管理能力，还是管理类的学生想涉足技术领域，都是很好的选择。

推荐院校：南澳大学

护理专业

澳大利亚护理人员一直处于短缺状态，护理专业毕业生就业率很高，就业前景相当乐观。在毕业后4个月内找到工作的成功率为97%。护士在澳大利亚的地位也越来越高，工资从原来的平均每年约3.5万澳元升到每年约4.5万澳元，服务时间长的每年可拿到5万～12万澳元，相当于企业高级管理人员的收入待遇。而且澳大利亚的护士资格获得了世界范围内的认可，护士专业是性价比最高的留学移民专业。澳大利亚的护士在取得一定的工作经验后，还可以在美国、加拿大和欧洲等地工作，获得更高的报酬。拥有了澳大利亚注册护士的资格，就等于拿到了通向英联邦工作的"绿卡"。

推荐院校：格里菲斯大学、南澳大学、迪肯大学、西悉尼大学、悉尼科技大学、科廷大学

赴澳大利亚攻读护士专业基本限于在国内已经有护士背景，受过专业学习或训练的学生。

教育专业

随着各国对教育的重视程度加深以及教师待遇的不断提高，教育专业正在逐渐成为一个热门专业。而澳大利亚是个极度重视教育的国度，但是就读教育学专业的人不多。很多特殊教育的学校在找不到专

澳洲留学 全程无忧

业人才时，只有找普通教育行业的人来应急。因此，澳大利亚教育行业相当紧缺，待遇也很高。教育学专业毕业生就业前景好。据统计，澳大利亚的中小学以及学龄前教育的师资人才非常紧缺，在西澳尤为明显。根据现行的移民政策，中小学和学龄前教师同被列为60分的职业，成为攻读教育学专业的学生的一条移民之路。澳大利亚的教师工作轻松，西澳的教师一年中只有6~7个月的工作时间，其余时间都为假期。在收入水平上各州水平相当，其中西澳略高，在偏远地区还有财政补贴。此外，TESOL证书是全球公认的ESL（教授英语为第二语言）教师职业资格证书，它的持有者被国际上80多个国家的5000多所学校认可。

推荐院校：墨尔本大学、莫纳什大学、邦德大学、西澳大学、拉筹伯大学、阿德莱德大学、塔斯马尼亚大学、格里菲斯大学、堪培拉大学、南澳大学

会计专业

澳大利亚的CPA注册会计师体系是被全世界认可的会计师体系之一，申请该专业的学生数量比较大。而具有会计专业较高学历背景的人才，无论在澳大利亚还是在中国都很抢手。更为人性化的是，澳大利亚各大学针对没有会计专业背景的本科毕业生，都设有相应的研究生课程。

推荐院校：墨尔本大学、麦考瑞大学、莫纳什大学、新南威尔士大学、阿德雷德大学

IT

作为最受中国留学生欢迎的热门专业之一，IT课程越来越多地成为去澳大利亚留学的学生的首选。众多学生选择这一专业的原因，一

方面是因为近年来互联网热潮重起，IT行业走出低谷，全面复苏。澳大利亚的IT行业每年数以万计的空缺且本专业毕业生的起薪一般在3万~4万澳元左右，相对较高。另一方面，许多IT专业分支都属于紧缺职业之列。澳大利亚IT行业各分支专业就业率趋势呈现快速增长，其中软件开发、软件工程、计算机和IT类管理和销售、网络工程、网络通信、网络安全对人才的需求高居榜首。

推荐院校：新南威尔士大学、澳大利亚国立大学、墨尔本大学、悉尼科技大学、格里菲斯大学

工程造价

21世纪随着世界经济的发展和繁荣，工程造价师成为一种不可或缺的职业。工程造价专业毕业生薪资待遇高，并享有移民优先审理权，使得许多家长在让孩子入读澳大利亚的大学时，更倾向于选择该专业。

推荐院校：邦德大学、皇家墨尔本理工大学、纽卡斯尔大学、新威尔士大学、昆士兰科技大学、卧龙岗大学、南澳大学、墨尔本大学

澳洲留学 全程无忧

社会工作

澳大利亚是一个拥有多元文化的国家,生活富裕,对国民的民生问题非常重视。因此,对于社会工作者有着更多的需求。从事社会福利工作的人员主要为政府工作,薪水待遇都很稳定。社会工作者帮助弱势群体,切实改善他们的生活品质,因此也具有强烈的社会公益性质。

推荐院校:南澳大学、皇家墨尔本理工大学

信息安全专业

信息安全专业是计算机、通信、数学、物理等领域的交叉学科,主要研究确保信息安全的科学和技术。专业课程涵盖了信息安全领域的主要知识点,着重培养能够从事计算机、通信、电子信息、电子商务、电子政务、电子金融、军事等领域的信息安全职位的高级专门人才。信息安全专业具有资格证书"硬"、毕业生"少"、需求部门"多"、用人单位"大"、就业前景"广"等就业优势。

推荐院校:南澳大学、皇家墨尔本理工大学、迪肯大学

创意产业

一些好莱坞巨片如《指环王》《黑客帝国》《哈利波特》等。其后期制作都是在澳大利亚完成的。此专业就业前景好,有益于雇主担保移民。

推荐院校:昆士兰科技大学、埃蒂斯·科文大学、格里菲斯大学、迪肯大学、悉尼科技大学、邦德大学、悉尼科技设计学院

Chapter 3 课程篇

常用词汇

popular majors	income
热门专业	收入
engineering speciality	high salary
工程专业	高额工资
nursing speciality	job prospect
护理专业	就业前景
education	immigration
教育	移民
accounting	graduate
会计	毕业生
construction cost	employment advantage
工程造价	就业优势
social work	experience
社会工作	经验
qualification certificate	employer
资格证书	雇佣者，雇主
talent	
人才	

高频句

1. Which major do you choose?
   你选哪个专业？
2. Why do you choose this major?
   为什么你要选这个专业？

Unit 9 专业原来如此方便

3. Which university is the best in this field?
   哪个大学在这个领域最好?
4. How do I choose specialty?
   我该如何选专业?
5. Are you interested in these courses?
   你对这些课程感兴趣吗?
6. This major is very popular.
   这个专业非常受欢迎。
7. The kind of talent is in shortage.
   这种人才短缺。
8. Graduates in this major are easy to find a job with high salary.
   这个专业的毕业生容易找到薪资高的工作。
9. This specialty has a bad employment prospect.
   这个专业就业前景不好。
10. What are the employment advantages of this specialty?
    这个专业有什么就业优势?

实用对话

CONVERSATION 1

选专业

Colin: Have you chosen your specialty?

Carly: Yes, I have.

Colin: Good. So, what is your specialty?

Carly: Nursing.

Colin: Wow, why do you choose nursing?

Carly: The major is very popular in Australia.

Colin: Wow, cool.

Carly: And the nurse in Australia is paid more attention to with high social status.

Colin: It's different from China. Why is nursing so popular?

Carly: Well, because the nurse is easy to find a job in Australia and other countries. And the Aussie qualification test for the nurse is recognized around the world.

Colin: I see.

WORDS AND EXPRESSIONS 词汇大本营

1. specialty   [ˈspeʃəlti]   n. 专业，特长，特产
2. nursing   [ˈnɜːsɪŋ]   n. 护理，看护
3. status   [ˈsteɪtəs]   n. 地位，状态
4. qualification   [ˌkwɒlɪfɪˈkeɪʃən]   n. 资格，条件
5. recognize   [ˈrekəgnaɪz]   v. 认出，识别

LANGUAGE POINTS 难点释义

❶ pay attention to 固定搭配，表示"注意，关注"；to为介词。

❷ different from 固定搭配，表示"与……不同"。

❸ Aussie是Australian（澳大利亚人）的简称，澳大利亚人很爱把比较长的单词只讲前面一半，后面就随便用个ie的音。

TRANSLATION 参考译文

科林： 你选好专业了吗？

卡莉： 是的，我已经选好了。

科林： 太好了。你选的什么专业？

卡莉： 护理专业。

科林： 哇，你为什么选护理专业呢？

卡莉： 这个专业在澳大利亚非常热门。

科林： 哇，太酷了。

卡莉： 在澳大利亚护士因其很高的社会地位而备受关注。

科林： 这和中国完全不同。为什么护理专业这么受欢迎？

卡莉： 因为澳大利亚护理专业的学生很好就业，无论你是在国内还是在国外。而且澳大利亚的护士资格证书也得到了全世界的认可。

科林： 我明白了。

CONVERSATION 2
如何选专业

Colin: Tommy, I'm in trouble and I need your help.
Tommy: What's the matter?
Colin: I don't know which specialty I should study. There are so many majors.
Tommy: That's a problem. Choosing major courses is going to start.
Colin: Well, what should I do?
Tommy: Take it easy. I can help you. Choosing a major is very important for us. When you do it, you should consider many factors and get a lot of information.
Colin: What are the factors?
Tommy: Your inclination, teaching quality of this specialty education, income level of this field, and the employment prospect for the specialty. In a word, consider comprehensively.
Colin: Then how do I get information?
Tommy: The Internet is a good way to get information. And you can also consult the seniors.
Colin: Thanks heaps.

WORDS AND EXPRESSIONS　词汇大本营

1. consider　　　　　　[kənˈsɪdər]　　　　v. 考虑，认为
2. inclination　　　　　[ˌɪnklɪˈneɪʃən]　　　n. 倾向，爱好
3. employment　　　　[ɪmˈplɔɪmənt]　　　　n. 职业，雇佣
4. comprehensively　　[ˌkɒmprɪˈhensɪvli]　 adv. 综合地
5. consult　　　　　　[kənˈsʌlt]　　　　　v. 查阅，商量，请教

LANGUAGE POINTS　难点释义

❶ in trouble 介词短语，表示"在困扰中"；常见的两种搭配get...in trouble 与be in trouble。

❷ be going to 固定搭配，表示"按计划或安排将要发生的事情；to为不定式符号。

Chapter 3 课程篇

③ in a word 介词短语,表示"总之,简言之",常用来总结。
④ make up one's mind 固定搭配,表示"某人决定了某事"。
⑤ thanks heaps. 澳式英语,"万分感谢"的一种常用口语表达习惯。

TRANSLATION 参考译文

科林: 汤米,我遇到难题了,需要你的帮助。
汤米: 怎么了?
科林: 我不知道该学哪个专业。大学专业这么多。
汤米: 这就是个问题。选专业课就要开始了。
科林: 那我该怎么办?
汤米: 别担心。我可以帮你。选专业对我们来说非常重要,所以选专业时一定要考虑多方因素,寻找大量信息资源。
科林: 考虑的因素有什么?
汤米: 你的个人喜好,该专业教学质量,该领域工资水平和该专业的就业前景。总之,要全面考虑。
科林: 那我如何获得专业信息?
汤米: 上网查找信息是很好的方法。你可以向学长学姐咨询。
科林: 万分感谢。

Unit 9 专业原来如此方便

Unit 10
同等重要的必修课和选修课

澳大利亚的教育体制和国内有很大的差别，澳大利亚大学课程和课程时间表是由自己来定的。对于刚刚到澳大利亚留学的学生来说，如何选课可是需要优先弄懂的事情，因为这关系到未来的留学生活。

选课小叮咛

Tip1

　　澳大利亚大学基本都是网上选课，一般是在每学期开学前的3~6周。在选课前，需要对每门课的课程内容、要求、上课时间、授课教授等信息做详细地了解，之后再考虑是否要选择这门课。大家可以通过学校网页或者电子科目表找到相关信息，还可以问一下学长或者助教进行更深入地了解。需要注意的是切忌盲目选课，否则容易导致得不到较高学分甚至挂科。

Chapter 3 课程篇

Tip2

澳大利亚的大学每个学期正常情况下选4~5门课就可以顺利完成学分，留学生不要为了尽早地完成学业而选修过多的课程，让自己的学业压力过大，导致每科成绩平平甚至挂科，得不偿失。

Tip3

每个教授都有自己的教学风格和教学模式，对学生的要求也是不一样的，所以学生在了解这门课的同时对于执教的教授也要有一定的了解。如果选课后发现自己并不适应，也不需要担心：开学的第一周所有的课程都是试听阶段，第一堂课教授会简单介绍一下本学期的教学规划、考试模式、成绩的评定方式等，所以学生经过试听之后，如果觉得不适合或难度系数大的话，可以重新再调整自己的课程。

Tip4

澳大利亚一些学校会在暑假开设暑期学校（Summer School），允许学生学习1~2门的课程。如果之前有挂科，或者希望把之后的课程提前修完以减轻后面的学习压力，都可以选择暑期学校。各个学校的暑期学校开课时间不一致，而且课程有限。申请注册暑期学校一般需要提前1~2个月，请注意学校的信息。

必修和选修同样重要

澳大利亚各个学校的具体课程设置不太一样，必修课和选修课的具体要求要根据所在学校、所学专业而定。比如对于商科而言，澳大利亚商科的本科教育为3年，每年两个学期，每个学期4门课程，3年合计一共是24门课即24个学分。如何选择科目是很有学问的，各个大学都会开设一些基础必修课程供学生在大一学习。这些必修课程帮助学生了解商科的基础知识，为将来的专业选择和学习打下坚实的基础。在结束大一的学习之后，学生进入大二时要选择专业方向，这时就可以根据自己的情况选择选修课了。其他专业情况大体相似，都需要按照该学校该专业的要求和自己的需求选课。需要注意的是：无论是本科还是研究生阶段，有些课程要求完成一些基础必修课程后才能选，所以学生从一开始就要精心规划，有的放矢地选课，以免后来要学自己青睐的专业而不得不重新选择该专业方向要求的必修课。总之，必修课和选修课同样重要，完成学校要求的学分才能毕业。

常用词汇

required course	syllabus
必修课	课程大纲
elective course	curriculum arrangement
选修课	课程设置，课程安排
online course selection system	teaching assistant
网上选课系统	助教
course requirement	senior
课程要求	高年级学生
curriculum	credit
课程、全部课程	学分

Chapter 3 课程篇

fail	core unit
不及格	核心课程
audition	major
试听	主修课程，专业课
teaching plan	undergraduate program
教学规划	本科课程
test form	graduate program
考试模式	研究生课程
assessment/evaluation	prerequisite
评估，评定	前提

高频句

1. Excuse me, may I ask about tips on selecting courses?
   不好意思打扰了，我能问一下选课秘籍吗？

2. I wonder if this course is the prerequisite for my intended major.
   我想知道这门课是否是我想修的专业方向的基础必修课。

3. You'd better log onto the online course selection system for more information in advance.
   你最好提前登录网上选课系统获取更多信息。

4. Both required and elective courses are equally essential.
   必修课与选修课同等重要。

Unit 10 同等重要的必修课和选修课

Cynthia: Morning, Angela. Toastie, try it.

Angela: Thanks Cynthia, I am full.

Cynthia: You are clicking the mouse all the morning. What are you doing there?

Angela: You know, the network is really congested. I cannot log onto the web page for selecting courses.

Cynthia: You can try later. Almost all the students rush into the same web page at the moment.

Angela: OK. Did you finish that?

Cynthia: Yeah, I got up so early this morning that I smoothly selected the course I'd like to enroll into, since at that time most students were sleeping soundly.

Angela: Lucky dog. What courses did you enroll into selected units?

Cynthia: Accounting theory and other required courses.

Angela: Ah, that's the course I'd like to select. But I've heard the professor offering this course is so strict with the assignments and it's not easy to get a higher score.

Cynthia: I was told so by senior students.

Angela: So why not try other courses?

Cynthia: Accounting theory is a prerequisite for my ideal major in the second year, so I have to select it whoever offers the course.

Angela: Sounds right. Looks like I have to consider my plan for future in details, and then I can select the core units rationally.

Cynthia: Yes, when selecting the required courses, you are expected to consider your future major courses, some of which need some required courses in the first year.

Chapter 3 课程篇

Angela: You mean that I have to figure out my major orientation now?

Cynthia: You could say that. There is a possibility that you would have to enroll into some required courses which should have been selected in the first year when you have to select some courses for the major in the second year. If so, it's going to be a tight schedule in the second year.

Angela: Got it. Shall I select more courses in the first year?

Cynthia: Four to five courses each semester is OK. More than five or less than four is not a reasonable arrangement.

Angela: Seemingly you had a detailed study before enrolling into courses, didn't you?

Cynthia: Yes, I had been surfing online about the introduction for required courses and selective subjects for one week, besides I talked a lot with senior students and some professors.

Angela: That is called never wars without preparation. You set a good example for me.

Cynthia: I am flattered. Well, you can try the website during the lunch hour. Maybe it's not congested.

Angela: OK, thank you for your suggestions. See you.

Cynthia: Cya.

WORDS AND EXPRESSIONS 词汇大本营

1. toastie   [ˈtəʊsti]   澳式英语口语 toasted sandwich的表达方式
2. click   [klɪk]   vt. 使发出咔嗒声
                               n.（鼠标）点击
3. mouse   [maʊs]   n. 老鼠；鼠标
4. congested [kənˈdʒestɪd]   adj. 拥挤的；堵塞的
                               v. 拥挤（congest的过去式和过去分词）；堵塞
5. rush   [rʌʃ]   vi.（使）急速行进，仓促完成
                               vt. 突袭；（使）仓促行事

Unit 10 同等重要的必修课和选修课

澳洲留学 全程无忧

		n. 冲；匆忙
6. soundly	['saʊndli]	adv. 完好地，健全地；酣畅地
7. enroll	[ɪn'rəʊl]	v. 注册；登记；加入
8. rationally	['ræʃnəli]	adv. 讲道理地，理性地
9. orientation	[ˌɔːriən'teɪʃn]	n. 方向，定位，取向
10. tight	[taɪt]	adj. 紧的，牢固的
		adv. 紧紧地；牢固地
11. arrangement	[ə'reɪndʒmənt]	n. 安排；排列
12. flatter	['flætə(r)]	v. 奉承；自命不凡
13. seemingly	['siːmɪŋli]	adv. 表面上看来；貌似

LANGUAGE POINTS　难点释义

❶ "You are clicking the mouse all the morning."，"clicking the mouse" 意为 "一直在点击鼠标"，这里指辛西娅看到安吉拉一直坐在电脑前选课。

❷ "… the network is really congested." "congested" 意为 "拥堵的"，这里联系上下文是指由于很多学生同时选课，所以网络拥堵。

❸ "Yeah, I got up so early this morning that I smoothly selected the course I'd like to enroll into, since at that time most students were sleeping soundly."， "enroll into" 加入，"smoothly selected the course I'd like to enroll into" 顺利地选了我想选的课程。"sleeping soundly" 是指熟睡、睡得很香甜，"soundly" 意为 "完好地、酣畅地"，常跟sleep搭配表示熟睡。

❹ "What courses did you enroll into selected units?" 这里是询问对方你都选了什么课？"selected units" 指所选课程。

❺ Sounds right. 有道理。

❻ "You mean that I have to figure out my major orientation now ?" "figure out" 这里指弄明白，"major orientation" 指"专业方向"。

108

Chapter 3 课程篇

❼ "… it's going to be a tight schedule in the second year.", "tight schedule" 指课程安排很紧。

❽ "That is called never wars without preparation.", "never wars without preparation" 不打无准备之仗。

❾ Cya 等同于see you，澳式英语口语中的表达方式。

TRANSLATION 参考译文

辛西娅： 早上好，安吉拉，烤三明治，尝一尝吧。

安吉拉： 谢谢辛西娅，我吃饱了。

辛西娅： 一上午你都在敲鼠标，你在那干吗？

安吉拉： 你好，辛西娅。你看，网络真拥堵，我都登录不了选课的网页。

辛西娅： 一会你再试试。这时候几乎所有学生都会冲向同一个页面。

安吉拉： 好。你选完课了吗？

辛西娅： 选完了，我今天起得很早，所以很顺利地选了我想选的课，因为那个时候大多数学生还在熟睡中。

安吉拉： 幸运儿。你都选了什么课？

辛西娅： 会计理论，还有其他的一些必修课程。

安吉拉： 啊，是我想选的课。但是我听说这学期教这门课的教授对作业要求很严，拿到高分不容易。

辛西娅： 高年级同学也对我这么说。

安吉拉： 那怎么不试试其他课程呢？

辛西娅： 只有修完会计理论第二年才能修我想学的专业方向，所以无论是谁教这门课我都得选。

安吉拉： 有道理。看来我得精心思考下未来的计划，然后才能理智选择必修课程。

辛西娅： 是的，选必修课时，你需要考虑未来的专业课程，一些课程是需要第一年完成某些必修课程后才能修的。

安吉拉： 你的意思是我现在就要想好我以后的专业方向？

辛西娅： 可以这么说。有一种可能就是当你第二年选专业课时不得不修一下

Unit 10 同等重要的必修课和选修课

本应第一年就修完的某些必修课程。如果这样，第二年的日程安排就太紧了。

安吉拉： 知道了。那我第一年应该多选一些课程吗？

辛西娅： 每学期四到五门课就可以，多于五门或者少于四门都不是一个合理的安排。

安吉拉： 貌似你在选课前仔细研究了一下，对吧？

辛西娅： 是的，我用了一个星期的时间上网研究必修和选修的课程介绍，此外我还与一些学长和教授聊了很多。

安吉拉： 这就叫作不打无准备的仗。你给我树立了好榜样。

辛西娅： 夸奖了。嗯，你可以午餐时间试试网络，也许那个时候不拥堵了。

安吉拉： 好，谢谢你的建议。再见。

辛西娅： 再见。

Chapter 3 课程篇

Unit 11
顺利通过令人紧张的考试

留学伊始，很多留学生会问"澳大利亚的大学的考试容易通过吗？如果因为考试当天发挥失常，考不好怎么办啊？"等类似的问题。毕竟留学生们万里迢迢来到澳大利亚求学，当然希望自己能够学业完满，所以大多数留学生这么问是完全可以理解的。需要注意的是，中西方教育体制不同。澳大利亚的大学考核的形式多种多样，有网上测试、短文、读后感、调查报告、演讲、小组作业、课堂参与、期末考试等形式。一般来说，期末考试占到每门课程最终成绩的30%~50%。很多文科专业的课程并没有期末考试，部分商科、工科和医科专业的课程会有期末考试。多种形式的考核有利于考查学生的综合能力。由于每门课的最终成绩是所有考核项目的综合成绩，学生不会因为一次考试的失误而出现不及格现象。当然需要把功夫用在平时，临时抱佛脚通常行不通啦。

快速攻略

如何通过那些令人紧张的考试

Tip1　记笔记

在澳大利亚的大学里，教学大纲和统编教材是没有的。每个教授有自己的学术见解和授课方法，就算有教授给出的参考书目，也没有固定的框架，所以亲自上课、亲自记笔记显得尤为重要。完整的笔记是最后复习考试的基础。

Tip2　认真对待辅导课与作业

国外大学的成绩评定会将平时测验成绩作为依据，如果能够把平时测验成绩提高，那么期末成绩就有了一半的保证。另外，辅导课与作业是考试的重点，辅导课的作用是回答学术问题、讲评作业、做练习和进行平时测验。辅导课上的问题一定要搞懂，因为这很可能就是平时测验与考试的内容。

Tip3　参加"互助会"

由于学习的环境和方法不同，刚入学时，不少学生无法顺利完成学习，这种现象在大学第一阶段尤为明显。为了帮助学生能够顺利适应新的环境，学校会组织"互助会"。"互助会"由年轻的教师和高年级学生组成，帮助在学习上有困难的新生。学长们会详细地告诉你每个教师的特点，这些都是十分可贵的经验之谈。

Chapter 3 课程篇

Tip4 学会融会贯通

国外大学的淘汰率很高，与国内传统教育的方式不同，考试绝不能只靠死记硬背，如果同学们不能做到举一反三，通过考试的可能微乎其微。这就要求同学们平时培养极强的逻辑思维能力和分析理解能力。

Tip5 积极与教授互动

每个学期至少要单独向教授咨询1~2次。同学们通过与老师的接触，很有可能从老师那里学到一些窍门，提高学习效率。

Tip6 反复复习重点内容

当你收集好考试的复习内容，你需要把这些内容都复习一次，然后挑选出几个重点题目着重复习几遍。有些题目是这个学科最基本也是最重要的知识点，这样的要点基本上一定会考。

常用词汇

final	note-taking
期终考试	笔记
comprehensive performance	quiz
综合成绩	小测验
reference book	Aid Association
参考书	（AA）互助会

Unit 11 顺利通过令人紧张的考试

assessment	tutorial
考核，测评	辅导课
online quiz	key points
网上测试	重点
essay	exercise
短文	练习
literature review	exam
文献评论	考试
research report	learn by rote/rote learning
调查报告	死记硬背
presentation	infer other things from one fact
报告，陈述	举一反三，融会贯通
teamwork	logical thinking ability
协同合作	逻辑思维能力
class participation	repeated review
课堂参与	反复复习
assignment/coursework	
作业	

高频句

1. Don't you have exams next week?
   你下周不是要考试吗？
2. It's stuff we did in class.
   这都是我们上课做过的东西。
3. What are you being examined on?
   你要考什么？

4. Have you seen any sample tests?
   你有没有看过考试样卷（考试例题）？
5. Why don't you study your notes?
   你怎么不看看你的笔记呢？

Andy: Hey, Ryan. Aren't you preparing for the coming exam? I saw Angela and Lisa in the library just now. And they said they had been staying there for more than ten hours.

Ryan: Well, I just want to relieve myself of the test anxiety.

Andy: Hmmm. Seemingly, you have confidence to pass that exam, don't you?

Ryan: No… Oh, come on, guy. Get off my case. You really make me a headache if you keep asking about my exam.

Andy: Mmm, well, maybe if you make efforts, you could pass it without doubts. What are you being examined on?

Ryan: Accounting Basics. You know, this course includes Financial Accounting and Management Accounting in details, which is really difficult for me to follow the teacher in lecture. Even, I suffered from insomnia every night these days when I thought of the coming exam.

Andy: Oh, poor guy. Did you download all the lecture notes from SOLS?

Ryan: Yes, I did it and also reviewed all the notes, but I am not sure if I can pass it.

Andy: Did you review all the exercises following each chapter?

Ryan: Yes, but I still have so many questions.

Andy: You'd better go to the library to find Angela and Lisa, discussing with them. They just asked me about you.

Ryan: Sounds good.

In the library

Lisa: Angela, look, Ryan comes.

Angela: Hi, over here, Ryan. How is your review going?

Ryan: Hi. What a mess.

Angela: Come on, Ryan. I just drew a mind map for each chapter with Lisa. I can show you later. You know the mind map can aid us to remember many things.

Ryan: Thank you, Angela and Lisa. You are really angels. But I still have some questions for the exercise part.

Lisa: I sorted out all the exercises and classified them into categories. For each question, I found the answer. You can refer to them later.

Ryan: Lisa, thanks heaps for your help. You know, I have been worrying about the exercise part.

Lisa: Andy said you suffered from insomnia at nights. It's so bad. Review my tips, maybe you will have a sound sleep.

Ryan: OK, I will try.

After the exam

Angela: Hi, Ryan. What's up?

Ryan: I think I've failed the exams.

Angela: Worrying is futile. Results are out already. Go online to check.

Ryan: Really? I am uneasy.

A moment later

Ryan: Oh, my God. I passed it. I passed it.

Angela: We can plan our vacation now, can we?

Ryan: Yeah, we can.

WORDS AND EXPRESSIONS 词汇大本营

1. relieve [rɪˈliːv] vt. 解除；缓解
2. confidence [ˈkɒnfɪdəns] n. 信心；信任
3. accounting [əˈkaʊntɪŋ] n. 会计学

Chapter 3 课程篇

4. insomnia	[ɪnˈsɒmnɪə]	n. [医]失眠，失眠症
5. anxiety	[ænˈzaɪəti]	n. 焦虑，忧虑
6. aid	[eɪd]	n. 帮助；助手
		vt. 帮助；资助
7. sort	[sɔːt]	n. 分类，类别
		vt.&vi. 分类；整顿，整理；适合
8. classify	[ˈklæsɪfaɪ]	vt. 分类，归类
9. category	[ˈkætəgəri]	n. 类型，种类
10. financial	[faɪˈnænʃl]	adj. 财政的；金融的
11. management	[ˈmænɪdʒmənt]	n. 管理
12. uneasy	[ʌnˈiːzi]	adj. 心神不安的；不稳定的

LANGUAGE POINTS 难点释义

❶ "Aren't you preparing for the coming exam?"，"coming exam"即将到来的考试，此外coming是现在分词形式做定语，在口语中经常说…is coming，意为"……要到来了/要来了"，e.g. Summer holiday is coming. 暑假要来了。

❷ "…I just want to relieve myself of the test anxiety."，relieve sb. of sth. 解除或减轻某人由某事带来的压力、痛苦等。

❸ hmmm "嗯"，对话中常用词。

❹ get off my case 意为"放过我、别管我、别唠叨"，当不想听对方说有关自己的事时的常用表达。

❺ "Even, I suffered from insomnia every night these days when I thought of the coming exam."。"suffer from" 意为患（某种病），受（某种病痛）折磨，"suffer from insomnia"意为经受失眠的痛苦。

❻ "Did you download all the lecture notes from SOLS?"，"lecture notes"指讲授课（大课）的讲义；"SOLS"是一个非常完善的学生自助系统，每个学生都有自己的账户，是学校老师和学生交流的平台，选课交学费以及有关课程的一切有用信息都会挂在上面，并且有专门的邮箱可以接收学校和老师发出的邮件。

❼ what a mess. 真的是一团糟。

❽ "I just drew a mind map for each chapter with Lisa. I can show you later. You know the mind map can aid us to remember many things.", "mind map" 思维导图；aid sb. to do sth., 帮助某人做某事，aid "辅助，帮助" 可以做名词和动词使用。

❾ "Review my tips, maybe you will have a sound sleep.", "sound sleep" 熟睡、酣睡、睡得香甜。

❿ Thanks heaps for your help. <澳><口>谢谢你帮忙。"heaps" <澳><口>，相当于a lot, lots。

TRANSLATION 参考译文

安迪： 嘿，赖安。难道你没在准备考试吗？刚才我在图书馆看到安吉拉和莉莎。她们说她们已经在图书馆呆了十几个小时了。

赖安： 噢，我只是想缓解一下考试焦虑。

安迪： 嗯。貌似你有信心通过考试，是吧？

赖安： 哪里。这怎么可能呢，伙计。别再说我的事情了。你再没完没了地问我考试的事，我会头疼的。

安迪： 嗯，好吧，但是如果你可以努力的话，肯定会通过考试的。你要考什么？

赖安： 会计基础。你知道这门课包括财务会计和管理会计的具体内容，这些东西我上课的时候就很难跟上老师。这些天，每晚当我想起即将到来的考试时，我就会失眠。

安迪： 哦，好可怜。你从学生自助学习系统上下载上课的讲义了吗？

赖安： 我下载了，还复习了所有的笔记，但是我不确信我一定能通过考试。

安迪： 每章后面的练习你也复习了吗？

赖安： 是啊，但是我还是有很多疑问。

安迪： 你最好去图书馆找安吉拉和莉莎，跟她们讨论一下。刚刚她们还问到你呢。

赖安: 好主意。

图书馆里

莉莎: 安吉拉,快看,赖安来了。
安吉拉: 赖安,你好,到这来。你复习得怎么样了?
赖安: 你们好。糟透了。
安吉拉: 来吧,赖安。我刚刚和莉莎画了每一章的思维导图,我一会儿给你看看。你要知道,思维导图可以帮助我们记住很多东西。
赖安: 安吉拉、莉莎,谢谢你们。你们真是天使。但是练习部分我还是有些问题。
莉莎: 我整理了所有的练习并且分了类。每个问题,我都找到了答案。一会儿你可以参考一下。
赖安: 莉莎,谢谢你帮忙。你知道,我一直在担心练习部分。
莉莎: 安迪说你晚上失眠。真糟糕。复习一下我整理的内容,也许你就能安稳地睡觉了。
赖安: 好吧,我试试。

考试后

安吉拉: 你好,赖安。怎么了?
赖安: 估计我考试不及格了。
安吉拉: 担心是徒劳的。结果已经出来了。上网查一下吧。
赖安: 真的吗?我很忐忑。

过了一会儿

赖安: 哦,上帝。我过了,我过了。
安吉拉: 我们可以计划假期了,是吧?
赖安: 当然可以了。

澳洲留学 全程无忧

Unit 12
志愿服务让你真正融入当地社会

在澳大利亚社会中，志愿者发挥着至关重要的作用，澳大利亚的志愿者服务也是澳大利亚社会管理的一个突出特色。澳大利亚的志愿服务在服务领域、人数比例、次数、时间、组织机构、社会基础等方面都具有突出的优势。澳大利亚的总人口有2400多万（2016年），据统计，澳大利亚18岁以上的志愿者有600多万，约占总人口的25%。

快速攻略

Tip1　志愿服务的领域

主要集中在社区福利、教育培训、体育休闲等方面。如果你想较快地融入澳大利亚社会，那么就去参加各种各样的志愿服务吧！你不仅能够练习用英语与别人沟通，更重要的是能够深入了解澳大利亚社会。

Chapter 3 课程篇

Tip2

大型志愿活动

澳大利亚全国志愿者活动周每年定期在澳大利亚各地举行。累计有超过600万澳大利亚人放弃自己的休闲时间为全国数十万个机构当义工。澳大利亚志愿者协会在其官网（www.volunteeringaustralia.org）上对这些多年无私奉献的志愿者们表达敬意，并借此机会进一步向全国民众推广志愿活动，呼吁更多志愿者们奉献爱心。

常用词汇

volunteer	communication
志愿者	沟通
social management	interpersonal relation
社会管理	人际关系
volunteer service	National Volunteer Week
志愿服务	全国志愿者活动周
prominent feature	dedication/devotion
突出特色	奉献
community welfare	selfless
社区福利	无私的
education and training	volunteer association
教育与培训	志愿者协会
sports and recreation	pay tribute
运动与休闲	表达敬意

Unit 12 志愿服务让你真正融入当地社会

honor	call for/appeal to
使……引以为荣	呼吁
promote the volunteer activities	
推广志愿活动	

高频句

1. Could you help me?
   你能帮助我吗?

2. Would you please do me a favor? /Would you please give me a hand?
   你能帮我个忙吗?

3. What can I do for you?
   您需要什么帮助?

4. Let me help you.
   让我来帮助你。

5. It's very kind of you!
   你真是太好啦!

6. Excuse me, could you tell me how to get to …?/Excuse me, where can I find…?
   请问,去……怎么走? / 请问,我在哪里可以找到……?

7. I'm a stranger here myself.
   我对这里不熟。

8. What is your destination?
   你要去哪?

9. It's a pleasure.
   乐意为您效劳。

10. Tell me if there is something I can help.
    如果有什么我可以帮忙的,告诉我。

Chapter 3 课程篇

Ryan: Hey, Andy. Got up so early?

Andy: Yeah, Ryan, morning. Today is the first day for National Volunteer Week of this year. It's a big day for volunteers. Many organizations are expected to hold a variety of activities.

Ryan: Oh, are you a volunteer?

Andy: Yes, I am a member of Animal Welfare League of South Australia.

Ryan: What's that for?

Andy: It's a non-governmental organization offering help for homeless animals.

Ryan: Sounds interesting. You've been a volunteer for a long time, haven't you?

Andy: Yeah. I enrolled in the Animal Welfare League last year. My coworkers and I have cured countless homeless small animals.

Ryan: Really? A worthy task. Would you tell me more about volunteer organizations? I'd like to be one of you.

Andy: You know, being a volunteer is one of my happiest things in my life. Well, do you like animals?

Ryan: I was frightened by a fierce dog when I was a kid, so until now I am not fond of small animals, especially dogs. Maybe I can contribute to other volunteer organizations.

Andy: What a pity! But, you can be enrolled in other volunteer organizations.

Ryan: Are there any more challenging volunteer positions?

Andy: Defo. One of my brothers chose to be a volunteer in Southern Australian Rural Fire Brigade. Interested?

Ryan: Terrific. I loved to be a fire fighter when I was a little boy. Tell me more.

Andy: He just provided volunteer service for Southern Australian Rural Fire Brigade at regular intervals.

Ryan: Sounds like the position must be offered to those who had been trained professionally.

Andy: Yes. He had to experience a series of training before he became a volunteer in fire brigades. He has always told me that's an exciting adventure, and also an excellent hobby and pastime.

Ryan: Sounds challenging. I'd like to try. Maybe I can realize my childhood dream.

Andy: Oops, I am running late. Would you follow me, Ryan?

Ryan: OK, I follow you. I'd like to know more about volunteer service.

Andy: OK, guy, come on. Take a box of biccies to eat on the way.

WORDS AND EXPRESSIONS 词汇大本营

1. variety [vəˈraɪəti] n. 多样；种类
2. welfare [ˈwelfeə(r)] n. 福利；幸福
3. league [liːg] n. 联盟；社团
4. offer [ˈɒfə(r)] vt. 提供，给予
5. homeless [ˈhəʊmləs] adj. 无家可归的；露宿风餐的
6. enroll [ɪnˈrəʊl] v. 注册；登记
7. coworker [ˈkəʊˌwɜːkə] n. 共同工作的人，同事
8. cure [kjʊə(r)] vt. 治愈
9. countless [ˈkaʊntləs] adj. 无数的，多得数不清的
10. worthy [ˈwɜːði] adj. 值得尊敬的；可敬的
11. frighten [ˈfraɪtn] vt. 使惊恐，使恐慌
12. fierce [fɪəs] adj. 凶猛的，残忍的
13. contribute [kənˈtrɪbjuːt] vt.&vi. 贡献出；捐赠（款项）
14. brigade [brɪˈgeɪd] n. 旅
    vt. 把……编成旅；把……编成队
15. pastime [ˈpɑːstaɪm] n. 消遣，娱乐

Chapter 3 课程篇

LANGUAGE POINTS 难点释义

① "Many organizations are expected to hold a variety of activities. ", "a variety of" 固定短语，意为"各种各样的"。

② "Defo. One of my brothers chose to be a volunteer in Southern Australia Rural Fire Brigade. ", "defo" 澳式英语口语中definitely的说法。

③ "He just provided volunteer service for Southern Australia Rural Fire Brigade at regular intervals. ", "at regular intervals" 表示"定期", "interval" 意为"间隔"。

④ "Oops, I am running late. Would you follow me, Ryan? ", "oops" 语气词，意为"哎呀"。

⑤ "OK, I follow you. ", "I follow you" 意为"我跟着你", 口语中的常用表达。

⑥ biccy 澳式英语口语中biscuit的表达方式。

TRANSLATION 参考译文

赖安： 嘿，安迪。起来这么早？

安迪： 是啊，早上好，赖安。今天是本年度全国志愿者活动周的第一天。这可是志愿者的大日子，很多志愿组织预计要举行各种活动。

赖安： 哦，你是志愿者吗？

安迪： 是啊，我是南澳动物福利联盟的成员。

赖安： 那是干什么的？

安迪： 这是一个非政府组织，专门为无家可归的动物提供帮助。

赖安： 有意思。你做志愿者很久了，是不是？

安迪： 是的。我是去年加入这个组织的，我和同事们已经救治过无数无家可归的小动物了。

赖安： 真的？真是一份有意义的工作。多跟我说说志愿组织的事好吗？我也想成为一名志愿者。

安迪： 你知道吗？成为一名志愿者是我人生中最快乐的一件事情。对了，你喜欢动物吗？

Unit 12 志愿服务让你真正融入当地社会

赖安： 我小的时候被一条凶猛的狗吓到过，所以直到现在我都不喜欢小动物，尤其是狗。也许我只能为其他志愿组织出力了。

安迪： 有点遗憾！但是你可以参加其他志愿组织。

赖安： 有没有什么更具挑战性的志愿职位呢？

安迪： 当然。我一个哥哥就选择去南澳乡村消防队当志愿者，感兴趣吗？

赖安： 太棒了。我还是小男孩的时候就想成为一名消防员，快给我讲讲。

安迪： 他就是定期为南澳乡村消防队提供志愿服务。

赖安： 听起来好像这样的职位必须要给那些经过专业培训的人。

安迪： 是的。他在成为消防队志愿者之前经过了一系列培训。他总对我说，这是一项令人兴奋的冒险活动，也是一个很棒的爱好与消遣。

赖安： 听起来就有挑战性。我想试试，也许我还能实现我儿时的梦呢。

安迪： 呀，要来不及了。你跟我去吗，赖安？

赖安： 好啊，我跟着你去。我想多了解下志愿服务。

安迪： 好，走吧，伙计，带盒饼干路上吃。

Chapter 4
作业篇

Unit 13　不会学习不用怕

Unit 14　查资料才能做作业

Unit 15　压力山大的报告

澳洲留学 全程无忧

Unit 13
不会学习不用怕

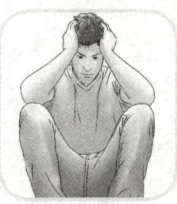

　　初到澳大利亚的你会发现澳大利亚的大学课堂和国内的课堂形式风格迥然不同，如果不会学习也不用害怕，在每次上完人数很多的大课（讲授课）之后就会有类似小班教学的辅导课。辅导课的任务主要是为学生解答问题、讲解之前布置的作业或是对一些知识的细节进行更加详尽的介绍，帮助学生消化、巩固在大课上学习的新知识。值得一提的是，辅导课上多见的课堂讨论是澳大利亚大学教育中一种常用的方式。这种时候请你千万不要只是坐在那里听其他同学说，因为如果你不开口的话，也许别人永远也不会问到你。请记住，在课堂讨论时一定要踊跃发言，你的老师会注意到你的表现。

快速攻略

Tip 1　辅导课出勤率

　　澳大利亚大学里出勤率的统计大多在上辅导课时进行，很多学校的老师会在开课前几分钟点名。按每学期授课时间13周计算，一门课如果缺席3次就会被记为出勤率不合格。由于澳大利亚移民局对于国际学生上课的出勤率必须达到总课数的百分之八十有硬性规定，如果出勤率不足，国际学生将有可能被取消签证。

Chapter 4 作业篇

Tip2

课堂讨论发言技巧

刚到澳大利亚留学的你也许刚开始很不适应在课堂讨论时发言，但是经过多次练习之后你就会应对自如的。如果你对讨论的议题所知较多的话，也请你不要口若悬河，重要的是在进行课堂小组讨论时一定要遵守游戏规则，给小组其他成员说话的机会，在出现不同意见时请尊重他人的观点。另外，在这类课堂小组讨论中，通常小组中的一位同学要做笔记。老师可能会在全班集体讨论前要求小组中的某个成员就你们小组的讨论情况做一个简要的概述。

常用词汇

group research	dash along
小组研究	滔滔不绝
digest and consolidate new knowledge	break silence
消化巩固新知识	开口说话，打破沉寂
classroom discussion	speak out
课堂讨论	大胆说出来
group discussion	make a statement
小组讨论	发言
respect others' views	classroom performance
尊重他人的观点	课堂表现

Unit 13 不会学习不用怕

attendance	a brief overview/summary
出席人数	简要概述
call the roll	The attendance is not up to the definite standard.
点名	
cancel the visa	出勤率不达标。
取消签证	
follow rules	
遵守规则	

高频句

1. In my opinion…
   依我看来……
2. I think that…
   我认为……
3. I see what you mean, but I think…
   我理解你的意思，但是我认为……
4. You have a point there, but I think…
   你说的有道理，但是我认为……
5. Excuse me, do you mind if I ask you a few questions for my project work?
   对不起，您是否介意我就我的专题研究向您提一些问题？
6. It concerns…
   这是关于……
7. Do you have any other comments?
   您还有其他什么要说的吗？
8. I like that idea, but how about including …?
   我喜欢这个点子，如果再加上……的内容怎么样？

Chapter 4 作业篇

Ryan: I used to work by myself at school before I came to Straya. I cannot adjust myself to working in this way now.

Angela: Well, as Mason says, group research is a common practice here.

May: So first of all, we need to pick a topic together.

Ryan: How about "Dating in Australia"?

May: Ryan, we're supposed to pick a topic related with what we've discussed in class.

Angela: Yeah, Ryan, you'll have to find another thing to consider except finding a girlfriend.

Ryan: OK, worth a try.

Angela: Why don't we have research on international students' diet? You know it is really difficult to adjust oneself to the local foods for someone.

Ryan: Sounds good. What's your idea, May?

May: Not bad. But what attracts my eyes is the culture shock confronted by international students.

Ryan: Hum. It really affects most international students.

Angela: Yeah, I know some of the classmates talking about the problem, so it must be a hot topic. I'd like to work on it. Well, go for mornos now, and we can talk about it over tea.

Morning tea

Ryan: It's settled?

Angela: Great. So what are the key points of the project?

May: Maybe we can divide it into three parts. First, the manifestation for culture shock in different stages, the following is major causes, and at last the ways to relieve it.

Ryan: Well, so what's the title?

Angela: How about "Culture Shock and International Students"?

Ryan: Yes. Maybe we should be writing key points down.

May: A moment. Let's brainstorm first.

Angela: Shall we make some individual research before we brainstorm?

Ryan: A good idea. Why don't we all research on manifestation, major causes and the ways to overcome it?

May: OK. So shall we discuss it next week?

Angela: I think we should get started soon. We only have three weeks to go before the deadline.

May: Yeah, we need to spend a bit of time surfing on the Internet.

Ryan: So let's get together discussing on Choosdee. Later we can run the key points past Mason. Choosdee morning falls on his office hour.

May: OK. Choosdee's fine with me. That's settled.

Angela: OK. See you all on Choosdee.

WORDS AND EXPRESSIONS 词汇大本营

1. pick [pɪk] vt.&vi. 挑选，挑拣
2. suppose [sə'pəʊz] vt.&vi. 推测；认为；假定
3. adjust [ə'dʒʌst] vt.&vi. （改变……以）适应，调整
4. attract [ə'trækt] vt. 吸引；引起……的好感（或兴趣）
5. shock [ʃɒk] n. 震惊；打击
   vt. 使震惊；使震动
6. confront [kən'frʌnt] vt. 面对；碰到，遇到
7. affect [ə'fekt] vt. 影响
8. settle ['setl] vt. 解决；安排；使定居
9. manifestation [ˌmænɪfe'steɪʃn] n. 表示；显示
10. relieve [rɪ'liːv] vt. 解除；缓解
11. brainstorm ['breɪnstɔːm] n. 突来的灵感；集体研讨

Chapter 4 作业篇

		vt. 集思广益
12. individual	[ˌɪndɪˈvɪdʒuəl]	adj. 个人的；独特的；个别的
		n. 个人；个体
13. deadline	[ˈdedlaɪn]	n. 最后期限；截止时间
14. surf	[sɜːf]	n. 海浪；拍岸碎浪
		vi. 冲浪；（互联网上）冲浪
15. Choosdee	[ˈtʃuːzdi]	<澳><口>Tuesday的说法

LANGUAGE POINTS 难点释义

❶ "I used to work by myself at school before I came to Straya."，"used to"过去常常，表示过去的一种习惯；"Straya"是澳式英语口语中对Australia的简化说法。

❷ "I can not adjust myself to working in this way now."，我无法适应现在这种学习的方式。"adjust oneself to…"使自己适应……

❸ "Ryan, we're supposed to pick a topic related with what we've discussed in class."，"we are supposed to…"，我们应该……

❹ Worth a try. 事实上为"be worth a try"，口语中通常省略"be"，意为"值得试一试"，在口语中表示认可别人刚刚的点子。

❺ Hum. 嗯。口语里常用来表示肯定、认可别人的话。

❻ "Well, go for mornos now, and we can talk about it over tea."，mornos澳式英语口语中常用词，表示morning tea"上午茶"。上午茶的时候同学、同事们通常三三两两在一起一边喝茶一边聊聊天，探讨一些问题等。

❼ "Shall we make some individual research before we brainstorm?"，"individual research"，这里的意思是指在集体讨论前"分别地做研究"。

❽ "So let's get together discussing on Choosdee. Later we can run the key points past Mason. Choosdee morning falls on his office hour."，"run the key points past Mason"把要点给梅森看看。"office hour"指老师固定时间在办公室里接待学生，在国外是一种制度，每个老师都要设置office hour。另外，最后几句反复出现"Choosdee"这个词，在澳式英语口语中Choosdee指Tuesday（星期二）。

TRANSLATION　参考译文

赖安： 来澳大利亚之前，在学校我一般都是一个人完成作业的，现在我无法适应这种做作业的方式。

安吉拉： 是这样啊，但是正如梅森所解释的那样，小组研究在澳大利亚的学校里是司空见惯的。

梅： 所以，我们首先要一起选定一个题目。

赖安： "约会在澳大利亚"，这个题目怎么样？

梅： 哎呀，赖安。我们应该选择一个与上课讨论过的内容有关的话题。

安吉拉： 就是的，赖安。也许除了找女朋友你应该考虑点别的事情。

赖安： 好吧，值得一试。

安吉拉： 我们要不要做一个有关国际学生饮食的话题？对某些人来说真的是很难适应当地的饮食。

赖安： 这倒是个不错的主意。你觉得怎么样，梅？

梅： 可以呀。不过我感兴趣的内容是国际学生所面临的文化冲击。

赖安： 嗯，这可是困扰大多数国际学生的问题。

安吉拉： 是呀，我知道一些同班同学在讨论这个问题，所以我想这一定是个热门话题吧。我同意选这个话题。来，现在我们先去喝上午茶，可以一边喝茶一边讨论。

上午茶时间

赖安： 那就这样定了？

安吉拉： 好啊，那这个课题所要讨论的要点是什么呢？

梅： 也许我们可以分三个部分讨论：首先我们讨论文化冲击在不同阶段的表现形式，然后讨论造成这一情况的主要原因，最后部分中我们再讨论如何解决这一问题。

赖安： 嗯，那题目怎么定？

安吉拉： 就叫"文化冲击与国际学生"这个题目怎么样？

Chapter 4 作业篇

赖安：好啊，也许我们应该将要点都写下来。

梅：等等，我们先集体讨论下。

安吉拉：在进行集体讨论之前，我们要不要先每个人分头做一些课题研究？

赖安：好主意，我们要不要先研究一下表现形式、主要原因及解决的办法？

梅：好的。那下个礼拜我们进行讨论怎么样？

安吉拉：我觉得我们应该尽快动手了。在最后期限之前，我们只有三个星期的时间。

梅：是啊，我们需要花点时间上网查资料。

赖安：那我们星期二集体讨论吧，正好星期二是梅森与学生面谈的时间，我们可以把讨论的要点给他看看。

梅：好，星期二我有时间，就这么定了。

安吉拉：那好吧，星期二见。

澳洲留学 全程无忧

Unit 14
查资料才能做作业

有些留学生刚到澳大利亚时发现独立完成作业甚为吃力，澳大利亚大学的课程设置与相应的作业要求与国内差异较大，尤其对于那些习惯在截止日期之前东拼西凑作业的人来说，澳大利亚大学的作业可以说是教学中很可怕的环节，但是如果掌握调查研究的技能及养成平时就努力而非临时抱佛脚的习惯，完成各种各样的作业也不是一件很难的事情。

快速攻略

Tip1 开学初明确作业要求

澳大利亚的教育旨在提升学生的自主学习能力，培养"独立思考型"人才，所以自学占了很大的比重。每门课开学初的课程注意事项上就有清楚的作业要求：这门课有哪些参考书籍、有几次作业、作业什么时间布置、什么时间交、评分标准、作业成绩占总分的比重是多少等。作业形式可以是小论文、报告，也可以是小组作业，每次作业都占最终成绩的一部分，加起来占总分的40%～60%。

Chapter 4 作业篇

Tip2
调查研究是王道

澳大利亚大学的课堂绝非照本宣科,很难从书上找到一模一样的东西,学生需要自主、大量地阅读,认真消化上课所讲的内容。每门课的作业题目不会是从书上摘抄的,而是根据近期讲授的内容设计的,一般是综合性的主观题,需要你的调查分析。因此,学生在课下查资料、做作业和写论文的时间往往要比在课堂上听讲的时间多。图书馆是学生们放学后最常去的地方。图书馆的设备相当先进,管理也非常好,给学生提供的服务也很人性化,而且图书馆里什么东西都可以带进去,自习的位置很多,非常舒服。值得一提的是可以带自己的书进入图书馆。还书的时候,也可以在同一个城市的任何一个图书馆还其他图书馆的书。

Tip3
学会"思考"才有前途

原创在澳大利亚的教育体系中显得格外重要,无论是论文还是报告,必须要呈现自己的思考和分析。抄袭在澳大利亚的学校里是绝对不能容忍的,每门课正式上课前都会有一个关于学术欺骗的说明,每门作业打印稿的封皮上也要说明作业没有抄袭,引用的任何东西都要说明来源并且签名。学生在论文中引用有关的学术文献时,必须在论文后注明出处,以示言之有据,并且引用文献不能超过论文篇幅的50%,否则便被视为抄袭。因此,站在巨人的肩膀上思考、独创是留学生们需要努力的目标。

Unit 14 查资料才能做作业

澳洲留学 全程无忧

Tip4 掌握节奏才不会太累

不查资料不能做作业这一特色注定了平时就要努力，不能紧急突击、一蹴而就。做作业一定要提前准备，不能拖到最后一天。经过大量调查研究后如果还有不解的问题就可以问老师，每个老师都很乐意接受咨询。如果在规定的时间没有上交作业就要扣除一定比例的分数。记住，每次作业的截止日期很重要。

常用词汇

independently	independent thinking
独立地	独立思考
difference	study on one's own
差异	自学
deadline	self-taught
最后期限，截止日期	自学的，自修的
patchwork	curriculum schedule
拼凑物	课程表
make efforts	autonomous learning ability
努力	自主学习能力
research	account for
调查研究	占……（百分比）
cram for	extensive reading
临时抱佛脚	泛读

Chapter 4 作业篇

comprehensive	originality
综合性的	独创性,创意
subjective item	cheat
主观题	作弊
survey and analysis	plagiarize
调查分析	抄袭
do homework	accomplish at one stroke
写作业	一蹴而就
write papers	lappy
写论文	<澳><口>笔记本电脑laptop

高频句

1. When is the deadline of the assignments?
   作业的最后期限是哪天?

2. The day before the deadline for the essay, I had no ideas about what I was expected to write.
   论文最后期限的前一天,我还是不知道应该写什么。

3. I didn't catch the details of evaluation for this course in class, and would you like to tell me?
   上课时我没弄明白这门课具体的测评方式,你能告诉我吗?

4. Cramming for assignments is unimaginable.
   临时抱佛脚写作业是令人难以想象的。

5. If I delayed, I would have my points deducted for the final score.
   如果我作业延期,期末成绩会扣分的。

Unit 14 查资料才能做作业

Angela: Hi, Michael, your eyes had terrible dark circles! Staying up late last night?

Michael: Yeah, Angela. Today is the deadline for the first algorithm assignment of this semester, and I went into burst mode last night. Devo, really.

Angela: Poor guy. Why didn't you start it earlier? You know, cramming for assignments like algorithm is unimaginable.

Michael: Actually, the homework was assigned to us from the first week, but I had been thinking about it for three weeks with no results.

Angela: So, you stayed up late?

Michael: Yeah, you know if I delayed, I would have my points deducted for the final score.

Angela: But, are you satisfied with last night's fruits?

Michael: I browsed the courseware page by page, looking up each word and understanding each sentence, but finally I still found it hard to continue.

Angela: And how did you finish it?

Michael: Basing on my understanding, I just made up stories to answer each question. I even wonder if the professor can understand my broken English.

Angela: Don't worry. Past is the past. Next time, prepare for the assignments earlier.

Michael: How shall I prepare for it earlier? I even don't understand the questions for the assignment.

Angela: Teachers are always available to be counselled.

Michael: How shall I find them?

Angela: You can ask them immediately after class or you can send them emails, even you can make an appointment with them. Teachers always welcome students' questions.

Michael: OK, got it. Wish me good luck for next assignment.

Angela: Good luck. Remember to borrow related books at the beginning of the semester when the homework is assigned.

Michael: For reference?

Angela: Yes, in this way, you would not have been thinking about the questions for three weeks without any results.

Michael: OK, thanks a lot for your suggestions, Angela.

Angela: No worries.

WORDS AND EXPRESSIONS 词汇大本营

1. circle ['sɜːkl] n. 圆；圈子
2. deadline ['dedlaɪn] n. 最后期限
3. algorithm ['ælgərɪðəm] n. 运算法则；演算法
4. torture ['tɔːtʃə(r)] n.（精神上或肉体上的）折磨
5. cram [kræm] vt.&vi. 塞满；急匆匆地做（许多事）
6. unimaginable [ˌʌnɪˈmædʒɪnəbl] adj. 难以想象的，想不到的
7. deduct [dɪˈdʌkt] vt. 扣除，减去
8. browse [braʊz] vt. 浏览
9. courseware [ˈkɔːsweə(r)] n. 课件
10. available [əˈveɪləbl] adj. 可获得的；能找到的
11. counsel [ˈkaʊnsl] n. 协商，讨论
    vt. 建议；提供专业咨询
12. assign [əˈsaɪn] vt. 分派，分配

LANGUAGE POINTS 难点释义

❶ "Your eyes had terrible dark circles!" "dark circles" 黑眼圈。

❷ "Staying up late last night?" "stay up late" 熬夜。Michael是因为"stay up late"才有了"dark circles"。

❸ "I went into burst mode last night." "burst mode"突击模式，这里指迈克尔昨晚突击写作业。

❹ devo 澳式英语口语，表示devastated，意为"精神上压垮的，崩溃的"。

❺ "…cramming for assignments like algorithm is unimaginable."。"cram for"指临时抱佛脚。

❻ "…the homework was assigned to us from the first week…" "be assigned to sb."指留给某人任务。

❼ "You know if I delayed, I would have my points deducted for the final score."整句为虚拟语气，"have my points deducted"指会被扣分。

❽ "I just made up stories to answer each question. I even wonder if the professor can understand my broken English."。"make up"编造，"broken English"蹩脚的英语。

TRANSLATION 参考译文

安吉拉： 嘿，迈克尔，你的黑眼圈挺重啊！昨晚熬夜了吗？

迈克尔： 是的，安吉拉。今天是本学期第一次演算法作业上交的最后期限，昨晚我进入突击模式。真是崩溃。

安吉拉： 可怜的家伙。为什么不早点着手写呢？你要知道，像演算法这样的作业，临时抱佛脚是难以想象的。

迈克尔： 事实上，这作业第一周就布置给我们了，但是我想了三个礼拜都没理出头绪。

安吉拉： 所以你就熬夜了？

迈克尔： 是的，你要知道如果我作业延期，期末成绩会被扣分的。

安吉拉： 但是，你对昨晚的成果满意吗？

迈克尔： 我一页页地浏览课件，一个个词地查，理解每句话的意思，但是，最后我还是觉得很难写下去。

安吉拉： 那你怎么完成的呢？

迈克尔： 根据我的理解，每个问题我都胡乱编了答案。我甚至怀疑教授是否能理解我那蹩脚的英语。

Chapter 4 作业篇

安吉拉： 别担心，写都写完了。下次早点准备。
迈克尔： 怎么早点准备呢？我甚至不理解作业里提出的问题。
安吉拉： 可以随时咨询老师。
迈克尔： 怎样才能找到老师呢？
安吉拉： 你可以下课后马上问老师，也可以给老师发邮件，甚至你还可以和老师约一下时间咨询。老师们是很乐于解答学生们的疑问的。
迈克尔： 好，知道了。祝我下次作业好运吧。
安吉拉： 祝你好运。以后记得学期初刚留作业的时候，借一些相关书籍。
迈克尔： 参考书吗？
安吉拉： 对呀，这样你就不必苦苦思索三个礼拜毫无结果了。
迈克尔： 好，谢谢你的建议，安吉拉。
安吉拉： 不客气啦。

澳洲留学 全程无忧

Unit 15
压力山大的报告

除了和国内大学一样有期末考试外，澳大利亚的大学里平时布置的作业也会按比例计入该门课的最终成绩。作业有多种形式，其中报告（presentation）是一种很常见的作业形式，也是澳大利亚大学课程考核方式中的一个主要组成部分。通过做报告，一方面学生的表达能力得到锻炼，另一方面老师可以了解学生的思考方式。

快速攻略

Tip1 规定时间内完成

一般在讲授课（大课）后，老师可能会布置包括做报告在内的作业，并给出一定的时间让学生去完成。如果学生不能在截止日期前完成，学生的成绩会按要求的百分比扣分。

Chapter 4 作业篇

Tip2 提前准备，轻松应对

报告通常是结合作业而进行的演示，一般用时10～30分钟。这个考核方式充分体现了学生的团队协作能力、创作能力和表现能力以及实践参与能力等综合能力。幻灯片（PPT）、演讲稿等都是必不可少的辅助工具。只要你事先准备充分，积极参与讨论和研究一般是没问题的。

Tip3 熟能生巧是策略

做报告考查多种能力，尤其对于刚来澳大利亚的留学生来说，做报告的口语表达是大家最为关切的。"熟能生巧"是不二定律。在完成精美幻灯片的基础上，按照规定时间自我训练几次，也可以找同组的同学当观众并且当场点评，这样你就不至于面对全班同学和老师做报告时紧张得说不出话来了。

常用词汇

title 标题	teamwork 团队合作
presentation 演示，报告	invention 发明，创造
oral expression 口头表达	performance 表现

practice	PowerPoint/PPT
实践，练习	微软公司生产的制作幻灯片和简报的软件
auxiliary	audience
辅助的	观众
aid	comment
辅助设备，助手	评论
discussion and research	elaborate
讨论与研究	详尽阐述
software	classify
软件	分类，归类
speech script/draft	fella
演讲稿	澳式英语口语中fellow的表达方式
Practice makes perfect.	
熟能生巧。	

高频句

1. Good morning, everyone/ladies and gentlemen!
   各位/女士们、先生们，早上好!

2. We're presenting the findings of our research into…
   我们将要就有关……向各位报告我们的研究结果。

3. This presentation will last about …
   报告将要持续大约……

4. First…will describe our methodology, then…will show the results of our survey and finally…will speak about the conclusions.
   首先……将要介绍我们的研究方法，然后……会展示我们的调查结果，最后……会呈现结论。

5. Q & A follows.

   接下来是提问与回答时间。

6. And now I'll hand you over to…

   现在有请……

7. The next question concerned…

   下一个问题是……

8. You've been a great audience.

   你们是非常好的听众。

Angela: Good morning, ladies and gentlemen. Today we're presenting the findings of our research into culture shock confronted by international students. This presentation will last about 15 minutes. First, Ryan will describe our methodology, then May will show the results of our survey, and finally I'll present the conclusions we drew. After that Q & A follows. And now I'll hand you over to Ryan.

Ryan: Thanks, Angela. As you can see, the title of our research is "Culture Shock and International Students". We made a group of 30 international students fill in questionnaires. The respondents' ages ranged from 18 to 30. You can see the variety of nationalities in this column. This is a copy of our questionnaire. We asked students to describe manifestations related with culture shock appearing on them since they stepped into Australia. With detailed analysis, then we classified a variety of manifestations into four types, and accidentally, they just coincide with four stages of culture shock in theory. The next question concerned…

And now May will talk about the survey results.

May: Thank you, Ryan. Well, the results of this survey were very interesting.

This first pie shows that most students experience the first three stages and some students arrive at the last stage. Here's where it gets interesting. I'd like to draw your attention to this column here… According to all the manifestations surveyed and referring to the relevant material, we analyze that there are three major causes for culture shock. Obviously, as you can see, here cultural differences in values count. Besides, differences on thinking modes and manners are another two major causes.

Angela: On the basis of the questionnaires, we found that calling home regularly and also talking over their problems with new friends here eased their stress caused by culture shock a lot. So we conclude the following three points to overcome culture shock.

Firstly, open your minds and positively face the fact. Secondly, enhance your communication skills including the verbal and the nonverbal. And at last, use all the resources to establish your friends' circle and to broaden your association with others. And now we'll take questions. Yes, Michael?

Michael: On your last slide, I didn't understand the first column.

Angela: OK. Let's get back to it. This one?

Michael: Yes.

Angela: One of our respondents said that she relieved the stress by pouring out complaints to her family and friends. So, if there are no more questions, we'd like to thank you all for your attention today. You've been a great audience.

WORDS AND EXPRESSIONS 词汇大本营

1. confront   [kənˈfrʌnt]   vt. 面对；碰到，遇到
2. poll   [pəʊl]   vt. 对……进行调查
                              vi. 投票；做民意调查

Chapter 4 作业篇

		n. 民意调查
3. respondent	[rɪˈspɒndənt]	n. 回答者
		adj. 应答的；有反应的
4. range	[reɪndʒ]	n. 范围
		vi.（在一定幅度内）变化，变动
5. nationality	[ˌnæʃəˈnæləti]	n. 国籍
6. column	[ˈkɒləm]	n. 列
7. questionnaire	[ˌkwestʃəˈneə(r)]	n. 调查表；调查问卷
8. manifestation	[ˌmænɪfeˈsteɪʃn]	n. 表示，显示
9. coincide	[ˌkəʊɪnˈsaɪd]	vi. 与……一致
10. relieve	[rɪˈliːv]	vt. 解除；缓解
11. pour	[pɔː(r)]	vt. 涌出；倒

LANGUAGE POINTS 难点释义

1. "Today we're presenting the findings of our research into culture shock confronted by international students."，"research into…" 关于……的调查，"confronted by international students" 做后置定语修饰 "culture shock"，即国际学生所受到的文化冲击。

2. "After that Q & A follows."，…follow意为"随后就是……"

3. "And now I'll hand you over to Ryan."，"hand sb. over to sb." 字面意思为让某人听另一个人讲话，这里的意思就是"现在有请赖安"。

4. "…then we classified a variety of manifestations into four types, and accidentally, they just coincide with four stages of culture shock in theory."，
    "classify…into…" 把……分为……，这里是指把各种表现形式分为四类；"coincide with" 与……吻合，与……一致。

5. "According to all the manifestations surveyed and referring to the relevant material, we analyze that there are three major causes for culture shock."，
    "according to…and referring to…，意为"根据调查得到的各种表现形式及查阅相关的材料"，因为此处为presentation的用语，所以表达相对正式。

❻ "Obviously, as you can see, here cultural differences in values count." "count"作为动词本身就有"重要"的意思。

❼ "...enhance your communication skills including the verbal and the nonverbal.", "enhance your communication skills"增强沟通技巧，enhance等于improve，"the verbal and the nonverbal"定冠词+形容词等于相应的名词，此处指语言与非语言行为。

TRANSLATION 参考译文

安吉拉： 女士们先生们，早上好。今天介绍一下我们对国际学生所受到的文化冲击所进行的研究。报告将持续大概15分钟。首先赖安描述我们的研究方法，接着梅会展示我们的调查结果，最后由我来做总结。之后是提问与回答环节。现在有请赖安。

赖安： 安吉拉，谢谢。正如大家所看到的，我们研究的题目叫作"文化冲击与国际学生"。我们对三十名国际学生进行了问卷调查。答卷者的年龄在十八岁到三十岁之间。在表格的这一竖行内列出了各个答卷者的国籍。这是我们调查问卷的副本。我们要求答卷者描述自他们来到澳大利亚以来，在他们身上所体现出的文化冲击的各种表现。基于仔细分析，我们把各种表现形式分为四种类型，这四种类型恰好与理论上文化冲击的四个阶段相吻合。接下来的问题就是……现在请梅来谈谈问卷调查的结果。

梅： 谢谢你，赖安。嗯，这项问卷调查的结果非常有意思。从第一个饼图里能看出来大多数学生经历了前三个阶段，有些学生达到第四个阶段。但有意思的是这一点，现在请大家注意看图表中的这一竖行……根据调查得到的各种表现形式及查阅相关的材料，我们分析出文化冲击的三个主要原因。很显然，大家能看出来，价值观的文

Chapter 4 作业篇

化差异很重要。此外,思维模式及行为表现上的差异是产生文化冲击的另外两个主要的原因。

安吉拉: 根据问卷调查,我们发现定期给家人打电话和与在这里结交的新朋友们讨论自己面临的问题对于缓解文化冲击所带来的压力非常有帮助。所以,我们总结出如下三点来克服文化冲击:一、敞开心扉,积极面对现实;二、增强语言和非语言沟通技巧;三、利用所有资源建立社会人际交往圈,拓展你与他人的联系。现在我们回答提问。迈克尔,你有问题?

迈克尔: 我想问的是,在你们展示的最后一张幻灯片中,我不明白第一竖行里的内容。

安吉拉: 噢,那现在就让我们再看一遍这张幻灯片吧。你是说这张吗?

迈克尔: 是的。

安吉拉: 一位问卷答复者说,她通过向亲朋好友倾诉来缓解文化冲击所带来的压力。好,如果各位没有更多问题的话,我们要感谢各位今天花时间听我们的发言,你们是非常好的听众。

Chapter 5
理财·兼职·活动篇

Unit 16 留学生的钱财管理
Unit 17 最受欢迎的兼职工作
Unit 18 怎样安排时间更合理
Unit 19 怎样买教材和学习用品最划算
Unit 20 盘点大学中最流行的俱乐部和社团

Chapter 5 理财·兼职·活动篇

Unit 16
留学生的钱财管理

独身在外，不宜随身携带大量的现金，澳大利亚人通常会把钱存在银行、建屋协助会或储蓄互助社。澳大利亚人大部分的收入，包括工资、薪酬以及政府津贴等都是直接向账户内支付的。留学生到澳大利亚学习，可以先携带一张信用卡，缴纳学校所需的各种费用，但留学生活是一个长期的过程，还是应办理一个澳大利亚的银行账户，申请一张银行卡。这不仅证明留学生有足够的经济能力，还可证明其具备良好的信誉，同时在办理各种手续时省去很多不必要的麻烦，在生活方面带来极大的便利。在这一单元我们学习一下如何在澳大利亚管理自己的账户。

快速攻略

银行开户

澳大利亚的银行很多，其中澳大利亚国民银行（National Australia Bank）、联邦银行集团（Commonwealth Bank Group）、澳新银行集团（Australia and New Zealand

Banking Group）、西太平洋银行（Westpac Banking Corporation）、圣乔治银行（St.George Bank）等都是著名的银行，可以提供广泛而完善的服务。

中国银行和汇丰银行也很受中国留学生的欢迎，因为其员工大都会中文。但建议大家不要只在这两家银行存钱，因为它们在澳大利亚的网点远远少于澳大利亚本国的银行，办理业务时会很不方便。澳大利亚的银行在周一至周四上午9:30至下午4:00营业，周五营业时间会延长至下午5:00。大部分银行在周六和周日均不营业，少数银行在周六上午会提供部分服务。

在澳大利亚的银行开户，程序非常简单，只需持护照和开户金即可。如果一次性携带金额超过10000澳币，最好开两个账户，一个是储蓄存款账户（Savings Account），用来存储平常所用的金额，约为5000~6000澳币即可；把剩下的钱存进另外一个账户：定期存款账户（Term Deposit），办理半年的定期存款。这样既可以帮助留学生控制开销，取款时还可以获得一定的利息。澳大利亚的银行有名目繁多的收费项目，在开户时要搞清各项规定，比如要问清楚账户的类别、基本存款金额以及账户每月可以上柜和上机的次数等。因为，如果账户上的钱少于基本存款额，银行将会收取账户保管费，而超过规定的上柜和上机次数，银行要收取手续费等。不过多数银行会为国际学生开设专门的学生账户，无基本存款额、上柜及上机次数的限制，在开户前一定要问清楚。开户时可申请自动提款卡，澳大利亚的大部分超市和加油站均设有自动取款机，24小时服务，拥有一张自动提款卡会很方便。

- 如果您在抵达澳大利亚的6周内开户，留学生只需拥有护照即可作为身份证明；6周后则需要提供额外的身份证明才能开户。
- 办理了澳大利亚银行账户后，可请家人直接从国内汇款过来。汇款金额一般不要超过50000美元，超额则手续费会相应增高。
- 若遗失银行卡，应第一时间拨打银行的24小时服务电话，办理停卡。

Chapter 5 理财·兼职·活动篇

账户类型比拼

澳大利亚各个银行向用户提供各种类型的银行账户，这些账户与国内银行账户有较大不同，不同的账户会获得不同的利息回报，且各种类型的账户都有其优、缺点。

账户类型	账户特点	优点	缺点
交易账户 Transaction Account	交易账户多用来处理日常理财事务，可用来存钱，也可用来支付账单或购物。申请交易账户时，银行会同时给储户办理一个支票本，储户即可在购物或付账时使用支票支付。因此交易账户又被称为"支票账户"。	使用支票付款或收款十分便利，也省去了携带现金的麻烦。	澳大利亚部分州规定每次支票付费须交借计税。该税附加在银行手续费上。
储蓄账户 Savings Account	储蓄账户可满足储户对日常理财事务的需要，也可用来存钱、取款、支付账单等。想要存储一笔积蓄，则该类账户是一个很好的选择。如储户在该类账户中存储的金额高于银行设定的下限时可得到较多利息。但部分银行所设定的储蓄账户每月会向储户收取一定的取现费用，并对取现次数做了规定。储蓄账户通常不能申请支票本。	乐于存钱，则储蓄账户是很好的选择，存款金额越高，利息越高。	如将储蓄账户作为日常开销账户，则多次取现后不得不向银行缴纳多余的取现费用。
定期存款账户 Term Deposit Account	如有部分金额不欲立刻花掉，就可以选择定期存款，并由此获得最高的利息。定期存款账户对账户余额也有下限要求，因此可先将积蓄存入储蓄账户，待积累到足够金额时，再转为定期存款。定期存款的期限从28天到5年不等。	定期存款的利息是最高的，账户内储蓄金额越大，获得的利息也越多。	强制储户存款，存款期限未到时不可取出。若提前取出，须缴纳费用，甚至损失利息。
现金管理账户 Cash Management Account	现金管理账户的功能近似于交易账户，可用来管理日常理财事务，如存款、取现、支付账户等。	申请现金管理账户可获较高回报。该账户实行分级率，余额越多，利息越高。	部分银行要求存储资金须达到2000澳元以上才可申请。账户内必须保留一定余额。

Unit 16 留学生的钱财管理

各类账户适宜表

	交易账户 Transaction Account	储蓄账户 Savings Account	定期存款账户 Term Deposit Account	现金管理账户 Cash Management Account
经常取现的账户	😊	😊	☹	😊
存、取款	😊	😊	☹	😊
使用支票	😊	☹	☹	😊
较高的利息	☹	☹	😊	😊
可用取款机	😊	😊	☹	😊
可用网上银行、电话银行	😊	😊	☹	😊
可在分行办理业务	😊	😊	😊	😊
可得到存款奖励	☹	😊	😊	😊
存储就能获得高利息	☹	☹	😊	😊

国内办理澳大利亚账户

- 现在留学生只需获得澳大利亚院校的入学确认书等相关证明、证件，即可在国内银行免费预先开设海外银行账户。
- 年满16~18岁的留学生，在获得留学签证后，均可持护照、中国居民身份证、个人相关材料、澳大利亚院校签发的入学通知书或录取通知书，至指定银行网点申请留学生见证开户业务。

Chapter 5 理财·兼职·活动篇

- 申请储户必须承诺所开账户仅限于本人的日常生活，不得用于投资、经营目的，更不能转借他人。
- 在国内银行申请，须填写相关表格并递交相关申请文件。受理申请的国内分支机构见证及审核申请储户的护照、身份证/户口本、有效签证、录取通知书及其他相关文件的原件。
- 如需向银行指定驻澳公司账户汇款，请携带账号及相关汇款资料并前往受理网点办理汇款手续即可。
- 储户需确保在进入澳大利亚境内3个月内持本人有效护照及相关证明材料（包括入学通知书或录取通知书）到银行指定驻澳公司营业网点办理账户的"正式启用"（激活）手续。
- 如果储户未能如期办理账户开立手续，银行指定驻澳公司将会注销客户的账号；如已有汇款汇入的，将在银行规定的时间内退回，由此而产生的任何相关费用均由储户本人承担。
- 如果储户在汇款之后因各种原因无法赴澳办理账户激活手续，储户可向办理见证业务的国内中行机构申请办理汇款退汇事宜。银行指定驻澳公司将会在扣除相应的手续费后，按照储户开户申请表中预填的退款账户信息办理汇款退回手续。

常用词汇

depositor	balance
存户，储户	余额；差额
bank account	certificate of deposit
银行账户	存单
a deposit form	deposit book, passbook
存款单	存折

澳洲留学 全程无忧

deposit receipt	blank cheque
存款收据	空白支票
interest	installment
利息	分期付款
credit limit	requesting bank
信用限度	委托开证银行
overdraft, overdraw	issuing bank, opening bank
透支	开证银行
transfer	branch bank
转账	分行
wire	domestic bank
电汇（款）	国内银行
withdraw	overseas bank
提款	国外银行
cheque, check	
支票	

高频句

1. What kind of accounts do you have in your mind?
   你想开哪种账户？
2. What is the procedure for opening an account?
   开一个账户有什么手续？
3. I need a checking account so that I can pay my bill.
   我需要开个支票账户，这样就能付账了。
4. The amount in words is incorrect. Would you mind filling another one, because the voucher is invalid if altered?
   您的凭证金额大写填写有误，您介意重填一份吗？因为金额涂改的单据无效。

Chapter 5 理财·兼职·活动篇

5. Is there any minimum for the first deposit?
   第一次存储有最低限额吗？

6. I'd like to know whether a deposit account with 200 Australian dollars will be enough for opening a savings account.
   我想知道开一个储蓄账户，200澳元存款是否够。

7. The balance on your account is five thousand six hundred Australian dollars.
   您的账户余额为5600澳元。

8. Here is your passbook. Please bring it with you when you deposit or withdraw money.
   这是你的存折，存取款时请带来。

CONVERSATION 1
到银行开户

Bank clerk: What can I do for you?
   Guang: I want to open a savings account, with access to ATM via a card.
Bank clerk: Please fill in this application form.
   Guang: Righto, thanks. Here you are.
Bank clerk: OK. Wait a minute. Excuse me, how to spell your family name? Your handwriting is not so clear.
   Guang: G-U-A-N-G.
Bank clerk: Got it. Thanks.
   Guang: Is there any minimum for the first deposit?
Bank clerk: Our minimum deposit for a savings account is 100 Australian dollars.
   Guang: I see, by the way, I'm an international student. Can I receive any preferential treatment, such as fee waivers or reductions?

Unit 16 留学生的钱财管理

澳洲留学 全程无忧

Bank clerk: Yes, we can offer you some reductions. Excuse me, may I see your passport?
    Guang: Here you are.
Bank clerk: Done. Thank you for choosing our service. Goodbye.
    Guang: Thank you. Bye.

WORDS AND EXPRESSIONS 词汇大本营

1. application   [ˌæplɪˈkeɪʃn]   n. 申请，申请表格
2. minimum   [ˈmɪnɪməm]   n. 最低限度；最小量；最低消费
                                     adj. 最低的；最小的；最低限度的
3. preferential   [ˌprefəˈrenʃl]   adj. 优先的；优先选择的；特惠的
4. fee waiver   免除费用
5. reduction   [rɪˈdʌkʃn]   n. 减少；缩小；降低

LANGUAGE POINTS 难点释义

❶ access to sth. 指"使用某物的机会或权力"，with access to在这里指"能够使用"，常用搭配"have access to…"和"get access to…"。
❷ fill in 动词短语，表示"填写"。
❸ ATM Automatic Teller Machine 自动取款机。
❹ minimum deposit 指能够开户的最少存款。
❺ by the way 口语用语，意思是"顺便问一下"。
❻ preferential treatment 这里指"特惠的待遇"。

TRANSLATION 参考译文

银行职员： 我能为您做什么？
    光： 我想开个储蓄账户，办张可以在ATM机上用的卡。
银行职员： 请填一下这张申请表格。
    光： 好的，谢谢。给你。

Chapter 5 理财·兼职·活动篇

银行职员： 好的。请稍等。不好意思，您的姓怎么拼写？您写的不是很清楚。

光： G–U–A–N–G。

银行职员： 明白了。谢谢。

光： 第一次的开户存款有最低额度吗？

银行职员： 储蓄账户的最低存款额度是100澳元。

光： 明白了，顺便问一句，我是留学生，我能得到一些诸如费用减免的优惠待遇吗？

银行职员： 能，我们给您减少一些费用。对不起，我能看一下您的护照吗？

光： 给你。

银行职员： 好的。办完了。感谢您选择我们的服务。再见。

光： 谢谢，再见。

CONVERSATION 2
在银行办理业务

Guang: Oh, my God. Where do these crowds come from? It's too abnormal that so many people are waiting here.

Bank clerk: That's because of the ATM system failures. None of the machines outside can be used. Filler, lots of people need to deposit or withdraw money every day.

Guang: I see.

Bank clerk: Have you got a number?

Guang: Nope. Where should I take a number? I don't see the machine on where it should be.

Bank clerk: Oh, it's been moved. Over there.

Guang: I see. Ta. Oops, 97.

Bank clerk: Don't worry. Most people just save or withdraw money. It won't

Unit 16 留学生的钱财管理

take too much time.

Guang: I understand. But how long do I have to wait?

Bank clerk: It's 66 now. And there are five counters in service. I reckon in an hour.

Guang: Alright. Thank you.

Bank clerk: Can you have a seat? And wait there. I'll call you when it's your turn.

Guang: OK. Could you give me a glass of water? I'm a little thirsty.

Bank clerk: OK.

Guang: Thanks a lot.

WORDS AND EXPRESSIONS 词汇大本营

1. crowd   [kraʊd]   n. 人群；群众
2. abnormal   [æbˈnɔːml]   adj. 反常的，异常的
3. failure   [ˈfeɪljə(r)]   n. 失败；故障；破产
4. counter   [ˈkaʊntə(r)]   n. 柜台
5. thirsty   [ˈθɜːsti]   adj. 口渴的；渴望（求）……的

LANGUAGE POINTS 难点释义

① It's too abnormal that 指"出现某种情况是不正常的"，it's+adj.+that从句为"形式主语it引导的主语从句"。

② because of 短语，意为"由于，因为"，后面加名词、代词或动名词。

③ Ta 意思是Thank you，澳式英语常用口语，音标[tɑː]。

④ in service 介词短语，意为"在服务"。

TRANSLATION 参考译文

光： 天啊。这些人从哪来的？这么多人在这儿等，太不正常了。

Chapter 5 理财・兼职・活动篇

银行职员： 这是因为ATM机出现系统故障了。外面所有的机器都不能用了。你知道许多人每天都需要存款或取款。

光： 我了解。

银行职员： 您拿号了吗？

光： 没有。我该去哪拿号呢？我在取号机平常所在的位置没看见它。

银行职员： 噢，它被挪了。在那边。

光： 我看到了。谢谢。噢，97号。

银行职员： 别担心。许多人只是存款或取款。不会用太多时间的。

光： 我知道。但是我要等多长时间呢？

银行职员： 现在是66号了，而且有5个柜台在工作。我想1小时之内吧。

光： 好的。谢谢。

银行职员： 您可以在那坐着等。轮到您时我会叫您。

光： 好的。能给我倒杯水吗？我有点口渴。

银行职员： 好的。

光： 非常感谢。

Unit 16 留学生的钱财管理

澳洲留学 全程无忧

Unit 17
最受欢迎的兼职工作

留学伊始,课时不多但压力大、英语不太好、没有一技之长?如果以上全部中招,此时你最需要做的就是提高英语交际能力,充实而独立地生活。找一份适合自己的兼职工作,不仅可以让自己的生活更加宽裕,还能提高语言能力、扩大生活圈,真正融入澳大利亚本土生活。

澳大利亚政府允许国际留学生在日常学习之余兼职工作和假期里全职工作。

快速攻略

你在获得澳大利亚的学生签证的同时,自动获得工作许可,也就是说,从你拿到你的签证开始,就可以在澳大利亚打工了。

打工细则

Tip1

必须在18周岁以上,有允许打工的学生签证。每周不得超过20个小时,假期可放宽时限要求。违者取消学籍。

Chapter 5 理财·兼职·活动篇

Tip2

即使你是做义工的,没有报酬,工作时间也计算在20小时以内。

Tip3

国际学生必须向澳大利亚税务办公室申请缴税号码。

申请缴税号码需出示证件。如果你是以护照作为证件提出申请的,需亲自前往办理。申请的表格在各地的邮局及税务办公室都可领取得到。

想要获取更详细的信息,请登录http://www.ato.gov.au。

Tip4

当你开始工作后,雇主会要求你在28天内提供缴税号码。

Tip5

每年7月是澳大利亚的退税月。如果你买东西和打工未超过6000澳元,那恭喜你,你可以办理退税。

Tip6

签订劳动合同,加强自我保护意识。

如何找工作

多多利用校内资源是一个不错的选择。

Tip1 临时工办公室

临时工办公室负责为学校各部门招聘实验室助理、新生接待等从事管理、研究的临时雇员。如果有意向在学校找工作,你可以发邮件给临时工办公室申请成为会员。随后发送一份简历,并说明自己可以做兼职的时间。

Unit 17 最受欢迎的兼职工作

Tip2　各大院系办公室

直接与各大院系办公室相关工作人员取得联系，看看是否有为院系服务的相关兼职工作。

Tip3　校内商铺

校内有很多非学校经营的商铺，其中不仅仅包括餐厅，还有杂货铺、健身中心、旅行社等。这些商铺尤其在旺季时需要临时雇员，留学生们多多留意相关信息。

Tip4　校内网上职业中心

各大高校都有类似的机构，在网上可以查询各种就业及兼职信息，经常登录，会有意外收获。

Tip5　中介

在大城市留学可以委托中介找工作，而且中介费不高，但选择中介时需要谨慎。

兼职工作种种

| 餐厅服务员/收银员/厨房帮手  | 适合细心且勤快的学生；
华人餐厅时薪平均约8澳元；西方人的餐厅时薪约12澳元。除了做服务员，一般还可以做厨房帮手，工作包括食材准备、厨房清洁等，时薪一般比服务员高2~3澳元；
可以借此多接触外国人，提高口语水平和了解不同的文化。 |

Chapter 5 理财・兼职・活动篇

送报工/送奶工/送比萨的司机 	送比萨的司机最好自备车辆，懂得开车，最好看得懂地图，有方向感； 工资有按工作量（4~5澳元一单）或按时间结算（10~16澳元每小时）两种； 送报、送奶时薪不高，10澳元左右，一般公司只会找住在同一个社区的人，要起早。
清洁工/工厂帮工/搬家公司搬运工/保安 	强度大，适合身强力壮的男生； 时薪一般17~24澳元，晚班时薪较高； 涉及很重的体力活，如果做太多会影响学习和身体。
兼职会计/兼职中文教师/兼职客服/兼职助理研究员等 	优选工作； 时薪合理(15~22澳元)，无须体力劳动，对以后就业有帮助； 要求英文、交际能力、学术专业方面非常突出； 通常第一年不太可能找到。

爱心提示

在海外打工时应有目的性，不同阶段适合自己的工作也会不同，工作应被看作留学生活和学习的一部分，这点非常重要。但是大家也不应盲目地找工作和兼职，要时刻坚定一点信念——平日的兼职不要影响自己的学习，否则

Unit 17 最受欢迎的兼职工作

得不偿失。如果出勤率达不到80%，学生签证会被取消，毫无商量余地。当然，放假的时候可以考虑找一个工时较长的工作，增加收入，如到南澳农场采摘葡萄等等，薪水高还能体验不一样的生活。

常用词汇

pocket money	tax rebate
零花钱	退税
part-time job	labor contract
兼职工作	劳动合同
full-time job	Causal Employment Office
全职工作	临时工办公室
student visa	temporary employee
学生签证	临时雇员
post-study work visa	school store
毕业工作签证	校内商铺
work permit	grocery
工作许可证	杂货铺
volunteer	career hub
义工	职业中心
Australian Taxation Office（ATO）	job agent
澳大利亚税务办公室	工作中介
Tax File Number	kitchen hand
缴税号码	厨房帮手

Chapter 5 理财・兼职・活动篇

cashier	research assistant
收银员	助理研究员
waiter/waitress	Maccas
餐厅服务员	澳式英语口语中McDonalds的表达方式
milkman	postie
送奶工	澳式英语口语中postman的表达方式
newspaper delivery worker	garbo
送报工	澳式英语口语中garbage man的表达方式
security staff	
保安	
customer service staff	
客服人员	

高频句

1. I'm calling about the part-time position you have advertised.
   我想询问一下您广告刊登的那个兼职工作。

2. Is the position still available?
   这个职位现在还有吗？

3. Could I come in for an interview?
   我可以到您那里做个面试吗？

4. I haven't worked in a restaurant before, but I'm studying to be a chef.
   我以前没有在餐馆工作过，不过我目前正在学习成为一名厨师。

5. When is a good time for me to come by?
   我什么时间去见您合适呢？

6. Could you give me the address, please?
   请您告诉我地址好吗？

7. Do you have any related experience?
   您有相关经验吗？

Lisa: So Angela, your bills.

Angela: The bills? For what?

Lisa: Yes, electricity.

Angela: Oh, I've already put money in the kitty for this month.

Lisa: The kitty's only for foods.

Angela: Yes?

Lisa: Yeah, now you've only been there for two weeks, so you don't have to pay full share until the next bills come.

Angela: That's good. How much is it?

Lisa: This time it's $19.25 for both electricity and gas. Normally your share would be $77 for two months. That's not too much, is it?

Angela: Not really. But I spent too much on clothes and shoes when I first arrived. All I can afford to do is pay the bills for the rest of the rent. I've spent all my pocket money!

Lisa: Oh, I see.

Angela: Lisa, how do you afford all the expenses regularly?

Lisa: Well, I work part-time. You can also find a part-time job. Did you have any working experiences?

Angela: I used to be a tutor for a middle school student and offer Chinese tutorials for an international student in China before I came to Straya.

Lisa: That's something, Angela. You have tutorial experience.

Angela: What kind of part-time jobs are welcomed by students?

Lisa: As far as I know, hot positions international students compete for are the computer assistant, assistant librarian and school cafeteria staff. Besides, the assistant and secretary in school's administration and the tutor in Chinese training's classes are also good choices.

Angela: Really? What about the working hours?

Chapter 5 理财·兼职·活动篇

Lisa: Yeah, generally, the hours required wouldn't affect your regular courses. Why don't you pop in the Chinese Training Department on your way to school since you have similar experience? Last week, I saw a want ad online from that department.

Angela: OK, but what am I expected to say?

Lisa: First, write a short résumé. And then we can think about all the potential questions you will be asked to answer in an interview.

Angela: Oh, Lisa. You're a good friend. Thanks a million.

Lisa: Pleasure!

WORDS AND EXPRESSIONS 词汇大本营

1. kitty ['kɪti] n. 赌注；共同的资金
2. afford [əˈfɔːd] vt. 买得起；担负得起
3. expense [ɪkˈspens] n. 费用；花费的钱
4. tutor [ˈtjuːtə(r)] n. 家庭教师；导师
5. librarian [laɪˈbreəriən] n. 图书管理员
6. administration [ədˌmɪnɪˈstreɪʃn] n. 管理；实行；（政府）行政机关
7. résumé [ˈrezjumeɪ] n. 摘要；简历
8. interview [ˈɪntəvjuː] n. 接见；采访；面试；会谈
9. cafeteria [ˌkæfəˈtɪəriə] n. 自助餐厅
10. regular [ˈregjələ(r)] adj. 有规律的；规则的；定时的
11. ad [æd] n. 广告，advertisement的简称

LANGUAGE POINTS 难点释义

❶ "I've already put money in the kitty for this month." 我已经付过本月的相关费用了啊。"kitty"指共同的资金，这里是指一起租房子的人共用食品的钱。

❷ "Yeah, now you've only been here for two weeks, so you don't have to pay full share until the next bills come." "full share"指整个月份的拼单，由于安吉拉刚刚搬来两个星期，所以只需要支付两个星期内需要负担的共同费用。

Unit 17 最受欢迎的兼职工作

③ "All I can afford to do is pay the bills for the rest of the rent. I've spent all my pocket money!" "All I can afford to do is…" 我所能支付的就是……。"pocket money" 意思是零花钱。

④ "How do you afford all the expenses regularly?" "regularly" 指日常，平常，通常。

⑤ "That's something" 是指"这就是有经验"。

⑥ "Really? What about the working hours?" "working hours" 指工作时间、工作时段。

⑦ "Why don't you pop in the Chinese Training Department on your way to school since you have similar experience?" "pop in" 意思是突然出现，顺道造访。这里是指去学校的路上顺道到汉语培训部问下有关情况。

⑧ "Last week, I saw a want ad online from that department." "want ad" 指招聘启事。

TRANSLATION 参考译文

莉莎：安吉拉，你的账单。
安吉拉：账单？什么账单？
莉莎：是电费。
安吉拉：哦，但是我已经付过这个月的相关费用了啊。
莉莎：那只是购买食物的钱。
安吉拉：是吗？
莉莎：是的，因为你刚刚搬进来两个星期，所以你不用支付你那一份的全额。等下一个账单出来的时候你再付全额好了。

安吉拉：好啊，那我需要付多少呢？
莉莎：这一次的电费和煤气费你一共要付十九元二毛五。一般来说你每两个月大约要支付七十七元钱。这应该不算太多吧？
安吉拉：还不算多。不过我刚来的时候在买衣服和鞋子上花了太多的钱，我

Chapter 5 理财·兼职·活动篇

现在只能付剩下的房租了,我把零花钱都花完了。
莉莎: 是这样哦。
安吉拉: 莉莎,你平时是怎么支付所有的花销的呢?
莉莎: 噢,我有一份兼职的工作。你也可以找一份兼职的工作啊。你有任何工作经历吗?
安吉拉: 来澳大利亚之前我曾经给一个中学生做过家教,还给一个留学生做过汉语辅导。
莉莎: 不错啊,安吉拉,你有家教的工作经验。
安吉拉: 什么样的兼职工作受留学生青睐?
莉莎: 就我所知,留学生们热捧的工作有电脑助理、图书管理员助理和学校餐厅工作人员。除了这些,学校行政部门的助理和秘书、还有汉语培训课的助教都是不错的选择。
安吉拉: 是吗?工作时间是怎样的呢?
莉莎: 对。一般来说,要求的工作时间不会影响平常的课程学习。既然你有类似的经验,为什么不在明天上学的路上顺道到汉语培训部去试试呢?上个星期我还在网上看到那个部门的招聘广告呢。
安吉拉: 好啊,可是我该说什么呢?
莉莎: 第一步,写一份简洁的简历。然后我们一起来想想面试中你会被要求回答的所有可能的问题。
安吉拉: 好的,莉莎,你真是我的好朋友。万分感谢。
莉莎: 不客气。

Unit 17 最受欢迎的兼职工作

澳洲留学 全程无忧

Unit 18
怎样安排时间更合理

澳大利亚的教育制度主要强调培养学生的自学能力，有很多时间都由学生自行安排，为了不荒废来之不易的求学机会，留学生必须学会有效管理自己的时间。学会管理时间是求学期间的一项重要技能，也是保证自己学业取得成功的关键。或许下面的这些方法可以帮你更好地度过宝贵的澳大利亚留学生涯。

快速攻略

Tip1 认识自己

很多学生往往不知道如何安排自己的时间，再加之留学生活难免孤独寂寞，于是就把大把的时间浪费在玩电脑、玩手机、逛街、参加派对等活动中。要想管理好时间，必须先改掉浪费时间的坏习惯，可以花一

Chapter 5 理财·兼职·活动篇

两周的时间对自己使用时间的情况做一个分析，了解自己在哪方面浪费了太多时间，哪方面又投入不到位，剖析自己的做事效率，接下来就可以合理地制订计划，改变这种现状了。

Tip2 制订计划

新学期第一周里，需要了解每门课程的难易程度和作业情况，可以通过自己上课的领悟程度、课程大纲的要求或咨询教授、学长等获取这些信息，做到心中有数。接下来就可以做学期计划了，需要登录官网、详读校历，了解学校的大事件安排，然后结合课程安排制订一个学期计划。做学期计划时要现实和灵活，每个计划都留有多余的预备时间，这样当发生紧急情况时也不至于耽误学习进度。制订好学期计划后，就可以制订每天、每周，甚至每月计划，可以在计划上详尽地列出课程时间、作业时间、考试时间、写论文时间等重要的内容安排。计划做得越细致，目标越明确，事情就越容易完成。另外，细化的计划要服务于总体的学期计划。

Tip3 抓大放小，优先安排

抓住主要矛盾。要想管理好时间，就要分清事情的轻重缓急，每天可以把要做的事情区分为重要和次要，优先选重要的和必须当天完成的事情先做。如果颠倒了顺序，重要的事情往往会被琐事占据。如果重要的计划当天不能完成，第二天必须把它放在计划的首列。

Unit 18 怎样安排时间更合理

澳洲留学 全程无忧

先难后易。优先安排难度深的科目，采取先难后易的学习方法。因为难度深的往往需要花费更多的精力和时间，大家应该把一天当中精力最充沛、思想最集中的时间放在最需要专心的事情上。虽然刚开始做的时候会有些吃力，但是坚持一下攻破难关，往往会达到事半功倍的效果。

Tip4 学会使用零碎时间

见缝插针。零碎时间不为人注意，很容易被大家忽略，比如排队看看口袋书、浏览手机里存储的课件、坐车听听有声资料。可别小看这几分钟的时间，如果你能学会"见缝插针"的本领，绝对可以成为效率之王。

常用词汇

routines	kill time
日常工作，每日必做的事情	消磨时间
education system	draw up a plan/ make a schedule
教育制度/体制	制订计划
manage time	consult
管理时间	咨询
academic success	analyze
学业成功	分析

Chapter 5 理财·兼职·活动篇

school calendar	reasonably
校历	合理地
primary	effective
首要的，主要的	有效的，有作用的
secondary	efficiency
次要的	效率
sequence	priority
顺序	优先
energy	pocket book
精力	口袋书
object	
目标	

高频句

1. Yield twice the result with half the effort.
   事半功倍。
2. Make use of every bit of time.
   见缝插针。
3. Effective time management makes it possible to achieve academic success.
   有效管理时间才有可能取得学业成功。
4. Where can I check the school calendar?
   我在哪能查到校历呢？
5. I wonder if I shall make monthly, weekly, and daily schedules respectively.
   我想知道是不是应该分别做一个日计划、周计划和月计划。

Unit 18 怎样安排时间更合理

6. Setting priorities is a prerequisite for making a plan.

   分清轻重缓急是做计划的前提。

7. Every day, we have a lot of pockets of time that may get wasted.

   每天都有很多的零碎时间可能被我们浪费了。

8. What shall I do following that?

   之后我该做什么呢?

9. Enjoy your stay in Straya.

   祝你在澳大利亚过得愉快。

Andy: Hey, Ryan! A little restless, no brekky, did you? What's up?

Ryan: Yeah, Andy. I found no ways to take good control over four courses in a semester. You know, each of them is so difficult for me.

Andy: Did you make a learning schedule for this semester?

Ryan: Not yet. I'm unable to start since I am always in a mess every time I open these books.

Andy: No needs to worry. Making a schedule helps you a lot.

Ryan: What kind of schedule? And how?

Andy: Firstly, analyze the courses you've selected this semester.

Ryan: Analyze what?

Andy: Take a detailed analysis for each course on its difficulties and assignments in the first week of the new semester by asking teachers and senior students.

Ryan: Sounds good. And what shall I do following that?

Andy: You'd better make an overall schedule for the semester on each course according to the analysis you've made. One thing in particular you should

Chapter 5 理财·兼职·活动篇

remember is that your schedule is expected to be in accordance with the school's calendar.

Ryan: School's calendar?

Andy: Yes, the school's big events will be listed there, and you can arrange your schedule according to the school's calendar, for example, when to have breaks, when to have examinations and so on.

Ryan: OK, got it. Only one overall schedule seems not to be easy to follow.

Andy: Yes, basing on the overall schedule, you are also required to have monthly, weekly and daily schedules.

Ryan: Does it really work?

Andy: Surely. I use the detailed schedule freely, and it always turns out to be successful in controlling time.

Ryan: I will try the schedule first. But that's one thing that still haunts me a lot.

Andy: What's that?

Ryan: Even if I had made a perfect plan for each course, how would I balance among a variety of courses?

Andy: That's the key point. Single out and tackle the most difficult parts intensively, and deal with minor ones at odd moments.

Ryan: It is called "grasp the principal contradiction and make use of every bit of time", isn't it?

Andy: Yes, you got it. Good luck.

Ryan: You really gimme a lot of enlightenment. Thanks a lot.

Andy: No worries.

WORDS AND EXPRESSIONS 词汇大本营

1. restless ['restləs] adj. 焦躁不安的；不耐烦的；坐立不安的

2. mess [mes] n. 混乱；肮脏；困境；（军队的）食堂

Unit 18 怎样安排时间更合理

3. senior	[ˈsiːniə(r)]	adj.（级别、地位等）较高的；资深的
		n. 上级
4. accordance	[əˈkɔːdns]	n. 按照；依据；一致；和谐
5. haunt	[hɔːnt]	vt. 时常萦绕心头，使困窘
6. balance	[ˈbæləns]	n. 平衡；天平
		vt.&vi.（使）平衡；（使）权衡
7. intensively	[ɪnˈtensɪvli]	adv. 强烈地，集中地
8. odd	[ɒd]	adj. 古怪的；奇数的；少量的
9. contradiction	[ˌkɒntrəˈdɪkʃn]	n. 矛盾；否认；反驳
10. enlightenment	[ɪnˈlaɪtnmənt]	n. 启迪，启发；教化，开导

LANGUAGE POINTS　难点释义

❶ "brekky" 澳式英语口语中breakfast的说法。

❷ take good control over... 很好地控制/驾驭……，这里指很好地驾驭四门课。

❸ learning schedule 学习计划。

❹ in a mess 凌乱，乱糟糟。"I am always in a mess…" 根据语境，这里是指一打开书脑子里一片乱。

❺ in accordance with 与……保持一致，"…your schedule is expected to be in accordance with the school's calendar." 指你的计划要与校历保持一致，不能和校历安排的大事件冲突。

❻ haunt me a lot 一直萦绕在我心头，sth. haunt(s) sb.表示某事一直困扰着某人。

❼ balance among a variety of courses 在众多课程中寻求平衡，指能驾驭好所有课程。

❽ single out 单独挑出；特别选出，这里指挑出最难解决的部分先处理。

❾ odd moments 零星时间。

❿ "Grasp the principal contradiction and make use of every bit of time…"，"grasp the principal contradiction" 就是我们常说的"抓主要矛盾"，

"make use of every bit of time" 利用每一点时间，就是指我们常说的"见缝插针"。

⑪ "You really gimme a lot of enlightenment." "gimme" 为澳式英语口语中 give me 的说法。澳式英语口语的特点之一就是想怎么缩写就怎么缩写，留学生们到了澳大利亚以后会慢慢习惯有点"懒"的澳式英语口语的。

TRANSLATION 参考译文

安迪： 嘿，赖安！你看上去有点焦虑，没吃早饭，是吧？怎么啦？

赖安： 是的，安迪。我发现我很难在一学期里修好四门课。你知道每门课对我来说都很难的。

安迪： 这学期你做学习计划了吗？

赖安： 没，我还没开始弄呢，因为每次我翻开书的时候，脑子里就一片凌乱。

安迪： 别担心，做个计划会对你帮助很大的。

赖安： 什么样的计划？怎么做呢？

安迪： 首先分析一下这学期你所选的课程。

赖安： 都分析什么呢？

安迪： 新学期的第一周里咨询一下老师和高年级学生，根据每门课的难点和作业情况做一个细化的分析。

赖安： 不错。那之后我该做什么呢？

安迪： 根据你做的课程分析，你最好对每门课做一个整体的学期计划。有一点尤其需要记住的就是你所做的计划要与校历的安排保持一致。

赖安： 校历？

安迪： 是的，学校的大事件都会列在校历里，你可以根据校历来安排你的学期计划。比如：什么时候放短假，什么时候考试等。

赖安： 好,知道了。只有一个整体计划貌似不是很容易遵守。

安迪： 是的,基于整体计划,你还需要做月计划、周计划和每天的计划。

赖安： 这样真的有效吗?

安迪： 当然。细化的计划我用起来很自如,在掌控时间方面总是很有效。

赖安： 我会先尝试一下制订计划。但是还有一点很困扰我。

安迪： 什么?

赖安： 即使我对每门课都制订了完美的计划,我该如何平衡这么多门课程呢?

安迪： 这是问题的关键。挑出并集中解决最难的部分,并且用零星的时间来完成次重要的内容。

赖安： 这就叫作"抓主要矛盾和见缝插针",对不?

安迪： 是,你说的对。祝你好运。

赖安： 你真地给了我很多启示。非常感谢。

安迪： 不客气。

Chapter 5 理财·兼职·活动篇

Unit 19 怎样买教材和学习用品最划算

澳大利亚的大学学费通常不包括书本费，所以在新学期伊始要把每门课的教材准备好。但是澳大利亚的大学老师们在课堂上很少照本宣科，一般都是借助案例和实践项目进行课堂讨论。所以，对于一门课程可能需要准备几本书作为参考，每本都买新的，再加上总是要购买一些学习必备品，这可是不小的一笔开支。下面的这些小贴士可以帮助大家节省一大笔银子呢。

快速攻略

购买教材

Tip1 提前到图书馆预约借阅相关书籍

原版书通常很厚，本土人都把书叫作大部头。每门课都买那么多厚厚的书也不适合留学从简的生活方法，所以经常泡图书馆是最省钱的办法。"书非借不能读也"，也许这种办法还能让你更珍惜读书时光呢。新学期伊始可以预约借阅每门课程所需要的参考书籍。也许你要借的书被别人先借了，你可以预约，等待这本书归还。一旦预约的书归还，工作人员就会给你发邮件，通知你去取并保留到最迟归还的截止时间。

Tip2 二手课本

优势：正版的质量，4~8折不等的价格，最重要的是可以看到前辈们辛辛苦苦积累的读书笔记和题库。

劣势：买到的二手书是旧版，可能案例和课后练习部分已经过时了。

去哪儿买呢？各大院校的书店的二手书区，学校的广告板，学校内网的电子公告板（BBS），还有就是一个神奇的网站Studentvip(https://studentvip.com.au/textbooks)。

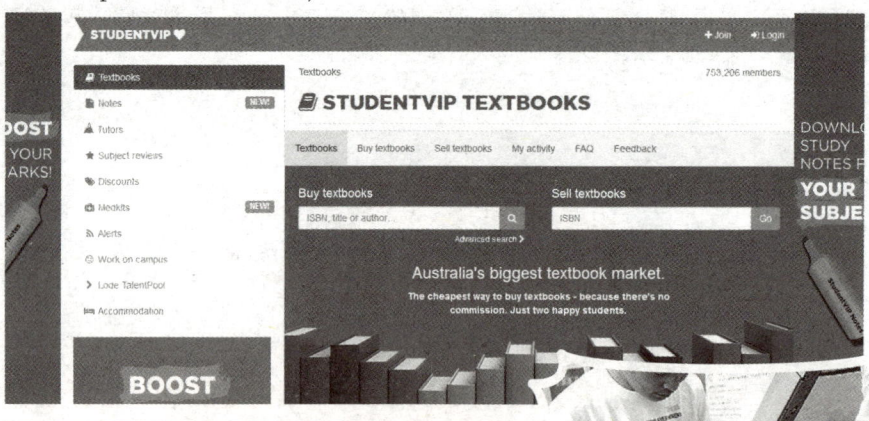

Tip3 复印课本

价格便宜（$15~$50不等），这样可以在上面随意写笔记。但是，复印通常为黑白缩印，不容易阅读，更重要的是这属于侵权行为，慎用之。

Chapter 5 理财·兼职·活动篇

Tip4　电子版课本

放在平板电脑或笔记本电脑里可以随时查看,但是总盯着屏幕看,眼睛很累的。

总之,可以根据自己的情况选择省钱秘籍。

必备的学习用品

Tip1　需要哪些学习用品

在澳大利亚的学校中,各科老师通常会给学生发很多的单页笔记或练习题等等。为了能够充分利用这些重要的学习资源及在写作业时可以容易地找到相关的内容,一定要把这些单页的笔记标明日期,并且按照日期分门别类地放在固定的位置。所以,除了铅笔、钢笔及橡皮等常用的必备文具之外,打孔器、活页夹子也是必备的学习用品。双夹的大号文件夹比较实用,这样就可以比较容易地把各科常用笔记都分门别类地放在一起。另外,老师通常会要求学生使用A4大小的画线纸写作业。这种作业纸的左侧留有空间供老师写评语。对于语言交流还有一些障碍的留学生来说,准备一个记生词的本子也是很有必要的。除了文具,学生还需要准备U盘、英英字典等。经常查阅英英字典,可以让你在语境中深刻理解生词的含义和用法。

Tip2　如何节省开支

如果没有从国内带过去一定量的学习用品,就不得不在澳大利亚采购了。"Officeworks"是澳大利亚的连锁文具及办公用品超市,还售卖电脑、鼠标、键盘等。如果需要购买文具,可以来这家看看,也

澳洲留学 全程无忧

可以在它的官网上下单。还可以访问那些关于评定超市价格的网站如www.choice.com.au等，看看在哪家超市你要买的东西最便宜。澳大利亚几家大型连锁超市像Coles、Woolworth、Franklin还有Aldi东西都差不多，各家超市都有当季做促销的种类，特别是Aldi，有时候促销品甚至可以低于五折。另外也可以经常去看看澳大利亚折扣网站——www.Coupon.com.au，网站上面每天都会有很疯狂的Deal，是每个留澳学生必备的网站。留学生可以经常去看看有没有自己需要的东西。

常用词汇

tuition	school supplies
学费	学习用品
expense	pocket money
花销	零花钱
exxy	make a reservation
<澳><口>昂贵的	预约（书籍等）
textbook	second-hand
课本	二手的
reference	money-saving tip
参考	省钱秘籍

Chapter 5 理财·兼职·活动篇

return deadline	folder
归还的截止时间	文件夹
copy textbook	comment/remark
复印课本	评语
legal edition/copy	dictionary
正版	字典
infringement act	online shopping
侵权行为	网购
stationery	promotion
文具	促销
a single page of notes	on sale
单页笔记	廉价出售
hole punch	cost saving
打孔器	节约成本
loose leaf binder	
活页夹子	

高频句

1. The book I intend to borrow is held by others, and so I have to book in advance and wait for the return.
   我想借的书现在被其他人借走了,所以我得先预约然后等着书归还。

2. Books can not be read unless borrowed.
   书非借不能读也。

3. What am I expected to buy for the school supplies in the coming semester?
   新学期我需要买些什么学习用品呢?

4. Where can I get discounted items?
   在哪我能买到打折商品呢?

Unit 19 怎样买教材和学习用品最划算

5. I heard some online shopping sites always held promotion activities.
   我听说一些网上购物网站总是搞促销活动。
6. Money-saving tips really help me a lot.
   省钱秘籍真是帮了我大忙。
7. Practice thrift, and living expenses are expected to be covered.
   节俭一点，生活费还是够的。
8. Where shall we buy the second-hand textbooks?
   应该去哪买二手课本呢？

Ryan: Hi, girls, what are you listing there?

Angela: Hello, Ryan, the school things we have to buy for the new semester.

Lisa: Ryan, are you ready for the new semester?

Ryan: Not yet. I was worrying about fees for countless textbooks, stationery and other school supplies. You know, I didn't find a part-time job, a little short of pocket money.

Angela: Don't worry. Join us. Last night I downloaded the suggested ways to keep costs down for college students from our school's BBS.

Lisa: Fantastic. Work together for the tips.

Ryan: Oh, the second-hand book is a fairly good choice. But where shall we buy the second-hand?

Angela: Here, surfing on the website (https://studentvip.com.au/textbooks). "It's Australia's biggest textbook market—the cheapest way to buy textbooks."

Lisa: Yes, I ever heard other students talking about it. Maybe it's a good choice

Chapter 5 理财・兼职・活动篇

for cost saving since we have too many thick books to buy.

Ryan: We can also learn a lot from the notes taken down on second-hand books.

Angela: I can not agree with you more, but books are always updated especially for case analysis and exercises.

Lisa: Hmm, every coin has two sides. Money is saved, on the other hand, books are outdated.

Ryan: We can xerox books. In this way we can take down notes on copies, similar to new books.

Angela: But, xeroxing books is tortious conduct, remember that?

Lisa: It's not a good choice. We shall try library books.

Angela: I also heard of that from senior students. As a saying goes, "books can not be read unless borrowed". Maybe borrowing books gives us more chances to hang around the library.

Ryan: Yup, but, books we wanted are always being held.

Lisa: Book in advance and wait.

Angela: We'd better act as fast as we can if we want to borrow books from the library.

Ryan: He who strikes first gains the advantage. I'd like to log on to the website of our library to check if books required are there now. I've to run.

Angela: Oh, Ryan. Remember the other school things.

Ryan: Yes, yesterday my classmates bought some stationery from the website of officeworks. I'd like to have a try later.

Lisa: Shopping online is a good choice. We can try the website: www.choice.com.au to compare prices for the same goods offered by a variety of supermarkets online.

Angela: Works done. Surf now, and then play tenno together S'arvo.

WORDS AND EXPRESSIONS 词汇大本营

1. countless   ['kaʊntləs]   adj. 无数的，多得数不清的

2. thick	[θɪk]	adj. 浓的；厚的
3. case	[keɪs]	n. 实例，事例；情况，状况；诉讼（事件）
4. outdated	[ˌaʊtˈdeɪtɪd]	adj. 过时的，落伍的，不流行的
5. xerox	[ˈzɪərɒks]	n. 复印；影印；复印件；影印本 vt.&vi. 复印，影印
6. tortious	[ˈtɔːʃəs]	adj. 侵权行为的，侵权行为性质的
7. conduct	[kənˈdʌkt]	n. 举止；行为 vt. 实施；执行
8. hang	[hæn]	vi. 挂
9. strike	[straɪk]	vt. 罢（工、课等）；撞；攻击 vi. 罢工；打击 n. 攻击；罢工（课、市）
10. supermarket	[ˈsuːpəmɑːkɪt]	n. 超市

LANGUAGE POINTS 难点释义

❶ "What are you listing there？" "list" 列单子，这里是指你们在那列什么的清单呢？

❷ a little short of pocket money，"short of" "缺乏，缺少，不足"的意思，整句话是指手头紧、没有零花钱。

❸ keep costs down 降低成本，这里指节省生活费。

❹ thick book 厚书，国外的课本一般都比较厚，所以书常被称作"大部头"。

❺ case analysis 案例分析。

❻ hmm 口语中之"嗯"。

❼ tortious conduct 侵权行为。

❽ hang around the library 泡在图书馆。"hang around"指"逛"，这里就是"泡在图书馆"的意思。

❾ yup 口语中表达"是的"。

Chapter 5 理财·兼职·活动篇

⑩ **S'arvo** 澳式英语口语this afternoon的表达方式。

TRANSLATION 参考译文

赖安： 嗨，姑娘们，你们在那列什么的清单呢？

安吉拉： 你好，赖安，我们把新学期需要买的学习用品列个单子。

莉莎： 赖安，你为新学期做好准备了吗？

赖安： 还没。我正在为不计其数的课本、文具和其他学习用品的费用发愁呢。你知道的，我没有找到兼职工作，手头有点紧。

安吉拉： 没关系啦，跟我们一起研究，昨晚我从学校的电子公告板上下载了大学生省钱秘籍。

莉莎： 太棒了。一起研究一下。

赖安： 哦，二手书是相当不错的选择，但是我们该去哪买二手书呢？

安吉拉： 看这，去这个网站：https://studentvip.com.au/textbooks。这是澳大利亚最大的课本市场——在这买到的课本最便宜。

莉莎： 是呀，我听其他同学说过，我们要买那么多厚厚的书，也许这是一个节省成本的好选择。

赖安： 二手书上有笔记，我们还能从中受益很多。

安吉拉： 非常赞同，但是书总是更新的，尤其是案例分析和课后练习。

莉莎： 嗯，凡事总有两面性。省钱，书却过时了。

赖安： 我们可以影印，这样我们也可以在上面写笔记了，和新书差不多。

安吉拉： 但是，影印书籍属于侵权行为，知道吧？

莉莎： 这不是好选择，我们可以试试图书馆。

安吉拉： 我也听高年级学生们提过。俗话说，"书非借不能读也。"也许，借书可以让我们多泡泡图书馆。

赖安： 是呀，但是，我们想要的书总是被别人借走了。

莉莎： 提前预约，等待。

安吉拉： 如果想从图书馆借书的话，我们最好动作快点。

赖安： 先下手为强。现在我就要去图书馆网站上查查想借的书还有没有了。我走了啊。

安吉拉： 你啊，赖安。还有其他学习用品呢，别忘了。

赖安： 对，昨天我同学从officeworks网站上买了一些文具。我想一会儿上网看看。

莉莎： 网购是个不错的选择。我们可以试试www.choice.com.au这个网址，比较一下网上同一商品不同超市的价钱。

安吉拉： 研究完毕，现在上网看看，然后下午我们一起去打网球。

Chapter 5 理财·兼职·活动篇

Unit 20 盘点大学中最流行的俱乐部和社团

　　澳大利亚的大学课程是非常紧张的，不过还是可以参加一些课外活动，调剂一下自己的留学生活，这样可以和其他院系的同学多多接触，扩展交往的圈子，同时为自己找到一个与澳大利亚本国人练习英语口语的好机会。在丰富课余生活、发展个人兴趣的同时，学校社团绝对是一个结交志同道合的朋友的绝佳场所。

　　澳大利亚的大学里的各种俱乐部和社团可谓五花八门，从动漫社到电影社、划艇社到橄榄球社、丛林徒步社到爵士舞社、武术社到素食主义社、公众演讲社到心理学社、医学社、科学社、工程社等等，只有人们想不到，没有学生们发起不了的社团。你还可以参加不同国籍的同学们组建的同乡会活动，也可以根据自己的兴趣爱好参加一些特别好玩的社团，比如"啤酒老饕俱乐部""品味巧克力社团""骑士俱乐部"等等。

澳洲留学 全程无忧

快速攻略

Tip1
如何加入社团?

通常在新学年的伊始，各大社团都会组织迎新周来鼓励学生积极参与学校的社团活动，来丰富学生们的业余生活及校内社交，有些社团还会联系一些赞助给学生们发一些纪念品。另外，各门各类的社团组织大多有自己的专属网页，你可以从网上更多地了解这些社团组织。

Tip2
如何开展活动?

各大社团一般每周都会聚集社团成员来开展一次活动。而活动的形式则是根据不同社团的性质而决定，比如丛林徒步社会组织成员每个周末在澳大利亚不同的丛林地区进行徒步行走；电影社会组织成员观看著名影片；公众演讲社则组织成员进行即兴或者有主题性的英文演讲等等。

Chapter 5 理财·兼职·活动篇

Tip3 一些极具吸引力的社团

值得注意的是在澳大利亚的一些大学里，各类中国社团很具有吸引力，比如悉尼大学的中国文化社、中澳青年联合会、中文辩论社，墨尔本大学的中国学生学者联合会(CSSA)、中华辩论社(CDG)、中华文化社(CCS)等。这样的社团活动不仅丰富了中国留学生的业余生活，也使得喜欢中国文化的外国人有机会参与到中国文化交流中。中澳青年联合会这样的社团会定期组织中澳学生的交流活动，并且定期邀请澳大利亚的企业来校演讲，为更多的中国留学生提供在澳实习的机会。

Unit 20 盘点大学中最流行的俱乐部和社团

常用词汇

stress and strain of life	association
生活的压力和紧张	协会
grab-and-go lifestyle	orientation week (O-week)
紧张的生活方式	迎新周
extracurricular activities	nationality
课外活动，业余生活	国籍
enrich one's life	hobbies and interests
丰富某人的生活	兴趣爱好
enliven one's life	exchange
调剂某人的生活	交流
expand contacts with others	organize
扩大交往圈	组织
native	footy
本地人	<澳><口> 足球
society	tenno
社团	<澳><口> 网球
club	bowlo
俱乐部	<澳><口> bowling club的表达方式
like-minded	
志同道合的	

高频句

1. I really have a bewildering variety of choices for societies in O-week.
   在迎新周活动中，我真地是被各种社团弄得眼花缭乱。

Chapter 5 理财·兼职·活动篇

2. Which club or association shall I join?
   我应该加入哪个社团呢?

3. I am invited to visit O-week with my classmates.
   我和我的同班同学们应邀参加迎新周活动。

4. Names of some clubs sound funny.
   一些俱乐部的名字听起来就好玩。

5. You can register there.
   你可以去那登个记。

6. Would you follow me?
   你跟我去吗?

7. I've been nearly spoiled for choices.
   我选择太多了,不知道选哪个好。

实用对话

Andy: Hey, Ryan, are you there?

Ryan: Yes, come in, please. Looks like you are excited.

Andy: Angela just called me to invite us to visit O-week.

Ryan: O-week? Oh, she mentioned that several days ago. Interesting?

Andy: Yes, this is the photo she just sent to me, bustling, isn't it?

Ryan: Hmm, interesting. Shall we go now?

Andy: Oh, Yeah, let's go.

…

Angela: Hi, Ryan, Andy! Over here.

Ryan: Hi, Angela. Good to see you.

Andy: Hey, have you had any luck, yet?

Angela: Yeah, I got a hat from the CSSA. Cute, isn't it?

Andy: Yep, you've got a big harvest.

Ryan: Hey, Look! Names of these clubs sound funny.

Andy: Aha. The More Beer Club! Ryan, you can register there. Does that mean you can drink as much beer as you can everytime they have activities?

Ryan: Worth a try.

Angela: So many girls there. The Chocolate Taste Club. Oh, choccy is my favorite. Would you follow me?

Ryan: Girls need sweets. Pay a visit there. We guys would like to find something challenging. Wow. There's a Magician's Club. That sounds like fun.

Andy: Come on, Harry Potter. I'll show you Knights Club.

Ryan: So many funny clubs, seemingly, we have to select some.

Angela: Nearly spoiled for choices, guys, aren't you? I will try my chocolate. See you.

Ryan: See you.

Andy: See you. Hope you harvest sweet!

WORDS AND EXPRESSIONS 词汇大本营

1. invite	[ɪnˈvaɪt]	vt. 邀请；请求
2. mention	[ˈmenʃn]	vt. 提到，说起
3. bustling	[ˈbʌslɪŋ]	adj. 繁忙的，熙熙攘攘的
4. register	[ˈredʒɪstə(r)]	vt.登记，注册 n.登记表，注册表
5. worth	[wɜːθ]	adj. 值得的；有……的价值
6. chocolate	[ˈtʃɒklət]	n. 巧克力；巧克力色
7. challenging	[ˈtʃælɪndʒɪŋ]	adj. 挑战性的；引起兴趣的
8. magician	[məˈdʒɪʃn]	n. 魔术师；巫师
9. knight	[naɪt]	n. 武士；骑士
10. spoil	[spɔɪl]	vt. 溺爱，宠坏

Chapter 5 理财·兼职·活动篇

11. harvest　　　　['hɑ:vɪst]　　　　n. 收割；收获季节
　　　　　　　　　　　　　　　　　　vt.&vi. 收割，收成

LANGUAGE POINTS　难点释义

❶ "Looks like you are excited." 实际上是 "It looks like you are excited." 口语中省略了 "it"，look like 意为 "看起来，好像……"。

❷ "Over here." 到这来，口语常用短语，相当于 "please come over here."。

❸ "Good to see you." 相当于 "Glad to see you."。

❹ "…have you had any luck, yet?" 这里是指询问对方有没有找到任何心仪的社团。

❺ "Yep, you've got a big harvest." "yep" 口语用词表示 "yes"，适用于网络、日常会话中。"you've got a big harvest" 指对方收获多多。

❻ "So many girls there. The Chocolate Taste Club. Oh, choccy is my favorite."，"choccy" 是澳式英语口语中chocolate的表达方式。

❼ "Girls need sweets. Pay a visit there. We guys would like to find something challenging." 上文提到了巧克力品味俱乐部，所以这里用 "Girls need sweets." 意为女孩需要甜食，与上文承接。

TRANSLATION　参考译文

安迪： 嘿，赖安，你在吗？
赖安： 在，请进。你看起来好兴奋。
安迪： 安吉拉刚刚给我打电话请我们去迎新周看看呢。
赖安： 迎新周？哦，前几天她提过。有意思吗？
安迪： 当然，你看这是她刚才发给我的照片，挺热闹，是不？
赖安： 嗯，挺有意思。我们现在就去？
安迪： 好，走！
……
安吉拉： 你好，赖安，安迪！到这来。

Unit 20 盘点大学中最流行的俱乐部和社团

赖安： 你好！安吉拉。很高兴见到你。

安迪： 嘿，有收获吧？

安吉拉： 有啊，这个帽子是从中国学生学者联合会那领的。可爱吧？

安迪： 可爱，你收获很大嘛。

赖安： 嘿，快看！这有些社团的名字真好玩。

安迪： 啊哈。啤酒老饕俱乐部！赖安，你可以去登记一下。这是不是意味着他们每次举办聚会的时候你都可以开怀畅饮了？

赖安： 可以试试。

安吉拉： 很多女生在那。巧克力品味俱乐部。啊，巧克力是我的最爱。你们俩要不要跟我过去？

赖安： 女生需要甜品。去看看吧。我们两个男生就找点具有挑战性的吧。哇。有个魔术师俱乐部。好像挺好玩。

安迪： 快走吧，哈利·波特，我带你去看看骑士俱乐部。

赖安： 这么多好玩的社团，貌似我们得选一些了。

安吉拉： 挑花眼了吧，先生们，是不是？我要去试试我的巧克力品味俱乐部啦。一会见。

赖安： 一会见。

安迪： 一会见。期待你收获甜蜜！

Chapter 6
休闲·娱乐·仪式篇

Unit 21　可口又省钱的当地美食
Unit 22　尽享超值购物的乐趣
Unit 23　奇妙无比的自然人文景观
Unit 24　如何度过轻松惬意的超长假期
Unit 25　人生的重要时刻——毕业典礼

Unit 21 可口又省钱的当地美食

澳大利亚这片神奇的世界，不仅是厨师眼中的天堂，还是你能吃到世界各地最精致美食的好地方，而且价格实惠，你不用担心钱包变瘪。这里的城市中有奢华的餐馆，从海滩边到灌木林区。你也能在物美价廉、环境舒适的小餐馆、咖啡馆、小酒馆、酿酒厂，甚至茶室里享受到各种美食。想象一下，热带水果那浓浓的香甜滋味，富有异国情调的香草和时蔬，香嫩的家禽肉、羊羔肉和牛肉，数不清的各种水产海鲜，各种奇怪名字的贝类，一些味道上佳的奶酪以及曾荣获大奖的橄榄油，这就是澳大利亚的美食。

快速攻略

澳大利亚人的用餐习惯

面包、三明治，再搭配一杯咖啡，就是澳式早餐，多一道沙拉后，就变成午餐，简单便利。晚餐吃的食物种类就比较丰富了。

Step 1 早餐

早餐以简单便利为主，面包、三明治以外，再搭配一杯提神醒脑的咖啡，就是澳大利亚人早上的活力来源。澳大利亚用早餐的方式与中国

Chapter 6 休闲·娱乐·仪式篇

不同,街上很少有林立的早餐店,游客最好要在前一天晚上到超市将第二天的早餐买好。一般旅馆都提供早餐,可到旅馆用餐,但要注意的是,不是每一家都会提供免费早餐。

一定要吃的Vegemite澳式早餐

没吃过Vegemite,就不能算是吃过最正宗的澳式早餐。Vegemite是类似于果酱的一种抹酱,只要涂抹在吐司上就可以吃了,其主要制作原料是由酵母萃取物组成,口感又咸又苦,不习惯的人经常是吃完一口就放弃了,但澳大利亚人很喜爱这种酱料,每天早上一定要来上一片沾满Vegemite的吐司或面包,才会觉得精力充沛,充满活力。

Step 2　午餐

澳大利亚人的午餐与早餐类似,仍是以三明治为主,一般会多一道生菜沙拉。但习惯吃热食的人,仍可轻易在街上找到提供商业午餐的餐厅,可以吃到各式各样的异国料理。

Step 3　点心

澳大利亚人因为午餐不是太丰盛,到了下午会吃点小东西来果腹。倍受大人小孩喜爱的玛芬蛋糕(Muffin)在街上随处都能买到,午后的校园中也常见人手一个的景象;松饼(Pancake)加上冰激凌,再铺上各式水果,则是下午茶时光最棒的选择。

Step 4　晚餐

晚餐是一天中较为丰盛的一餐,虽然一般商店较早打烊,但大多数的市区餐厅仍会营业至晚上八九点,晚餐吃完后,若意犹未尽,还可到附近酒吧小酌一杯。

冷水可直接饮用

澳大利亚气候干燥，旅途中不要忘记多补充水分。在澳大利亚瓶装饮用水要价不菲，一瓶约3澳元，若想省钱可多利用空瓶装水，一般水龙头流出的冷水是可以直接饮用的。但是要特别注意：水龙头流出的热水可是不能直接饮用的！想要喝热水的话，可用旅馆的煮水器将冷水烧开。

澳大利亚人的餐厅礼仪

在澳大利亚餐厅用餐，通常都有带位服务，会免费提供冰开水，饮料则要额外付费。点餐时，不用说出菜名，说那道菜名的号码一样行得通。

Step 1　等候带位

进入餐厅，表明客人的人数后，就要等候带位。有些餐厅门口会放一本候位簿子，客人可以在候位单上自行填写姓名、人数，并撕下号码条等待服务人员的广播。

Step 2　点饮料

服务员送上菜单后，会先询问要喝什么，通常都会提供免费的冰开水，其余饮品皆需另外付费。许多中式餐厅提供的茶水，也需额外付费，这点需要特别注意。若不想点饮料，可以直接表明不需要。

Step 3　点菜

澳大利亚餐厅有将菜单上的菜名标上号码的习惯：即便不太会念英文菜名，也可以直接告知要点的菜名号码。大多数餐厅并没有每人最低消费的规定，澳大利亚餐点的分量与中国略有不同，点餐时建议先观察其他客人的餐点分量再做决定，不一定要每个人都点套餐，避免浪费。

Chapter 6 休闲・娱乐・仪式篇

Step 4　结账

澳大利亚没有给小费的习惯，所以不给小费很正常，若觉得服务很好，想要给予小费奖励，需视个人情况而定。

澳大利亚特色美食

蜜汁肋排（Honeydew steak）

肋排是许多外国观光客一定要尝试的澳大利亚食物，不管是牛肋排、猪肋排都非常受欢迎，但因肋排是烤出来的，需要等待较长的时间，若要享受美味，建议准备较为充裕的用餐时间来享用。

袋鼠肉（Kangaroo meat）

袋鼠是澳大利亚出了名的可爱动物，同时也是可以合法食用的肉类，但却不是澳大利亚人的主食。在超市可以看见袋鼠肉（Kangaroo meat）专区，有时候，也可以在餐厅点到袋鼠肉汉堡（Kangaroo burger），还有袋鼠肉干（Kangaroo jerky）可以解馋。袋鼠肉口感比牛肉稍软一点，没有特别的怪味或腥味。

鲍鱼（Abalone）

澳大利亚盛产鲍鱼。但是，澳大利亚人不懂怎样吃鲍鱼。鲍鱼除了出口之外，基本上只有在中国餐馆可见。以前，每公斤鲍鱼只有几澳元。自从大批华人到澳后，逐渐涨到了30澳元以上。若想吃鲍鱼，还需到中国餐馆才行。

皇帝蟹（King crab）

由于四周临海，澳大利亚的海鲜成为其饮食特色，澳大利亚特有的海产品皇帝蟹，大的足有面盆大，看着就让人垂涎欲滴，有人甚至将皇帝蟹壳带回国作纪念。

新鲜果汁（Fresh juice）

澳大利亚人喜欢喝现打的新鲜蔬果汁，街上常会看到果汁店。炎炎夏日如果来一杯清凉的果汁，可是再享受不过了，记得到澳大利亚出行时，千万不要忘记尝一下现打的果汁。"Boost Juice"是澳大利亚著名的连锁果汁店。

澳大利亚牛排（Beefsteak）

澳大利亚的牛肉知名。到了澳大利亚，当然一定要一尝地道美味的澳大利亚牛排。除了可到餐厅大快朵颐一番以外，倘若住宿的地方有厨房可供使用，建议可以自行在超市购买单片牛排，回到住处后使用平底锅煎煮，只要稍微撒点胡椒粉，就可以享用最划算的澳大利亚牛排。牛排按烤熟的程度可分为：rare, medium rare, medium, medium well 和well done，我们平时所说的七分熟就是medium well。

Chapter 6 休闲·娱乐·仪式篇

澳大利亚的平价食物

生活在异国，饮食费用也是一笔不可忽略的开销，但若能了解当地实惠划算的食物，也可以花小钱吃饱饭。澳大利亚外来移民众多，很容易便能吃到非常地道的异国料理，对中国旅客而言，也是能够一次尝遍异国料理的好机会。

自助餐馆

澳大利亚的自助餐馆分为中式和西式，或者中西混合式。自助餐馆一般分布在唐人街的居民小区附近，城市中心，每位价格在10~15澳元之间，周末价格20澳元左右。这类餐馆价廉物美，随便你吃多少，十分合算。

鱼和薯条

澳大利亚人最爱的小吃是Fish&Chips，所以经常可见到澳大利亚的小店在卖炸鱼和薯条，通常一份约在10澳元，不过这种类型的餐厅，多半不提供座位，只有外卖服务。坐在路边享受阳光和美食的游客必须注意，在享受炸鱼和薯条时，常会有许多海鸟围绕在四周等着被喂食，千万不要随便丢喂，它们可是会缠着你不放。

连锁快餐

若预算有限，麦当劳、肯德基等连锁快餐店也是不错的选择，普通的套餐要6~8澳元。特别要推荐的是澳大利亚人开的Oporto快餐店，是澳大利亚当地人非常喜欢的一家连锁快餐店，喜欢吃辣的朋友不妨试试辣味鸡肉汉堡，滋味很棒。

Hungry Jack's=Burger King

在澳大利亚街头，常会看到汉堡王的标志，但招牌上却写着Hungry Jack's，千万别以为这是山寨版的汉堡王。其实Hungry Jack's和汉堡王是同一家公司，只是在澳大利亚注册商标时，无法如愿登记"汉堡王"，所以改名Hungry Jack's，旅客可以安心用餐，这家绝对是合格的快餐连锁店。

中式料理

澳大利亚各大城市都有许多华人居住，所以位于中国城的中式餐馆便成为澳大利亚饮食的特色之一。各式中式料理应有尽有，不管是中国人习惯吃的便当、中国各省的特色菜肴、广东烧腊店、港式饮茶都能尽情享用。中式餐馆常会提供午餐特惠价，一份简餐的价格约为6~10澳元。

Chapter 6 休闲・娱乐・仪式篇

中东食物

在澳大利亚,最普遍的中东食物就属Kebab了,类似北京烤鸭的吃法,是将烤肉和一些菜包裹在饼皮内,卷起来就可以吃了,不但方便携带价格也算便宜,每个在7~10澳元不等。

日韩料理

在澳大利亚,日式、韩式料理非常普遍,价位会比中式料理略高一些,像日本拉面就会多2~3澳元,在10~13澳元之间,旋转寿司每盘在3~7澳元不等。韩式料理则可选择经济实惠的石锅拌饭、小火锅,一份约为15澳元,但可以吃得很饱。

泰式料理

泰式餐厅在澳大利亚走得差不多都是低价路线,稍微用点心寻找,很容易就能找到很实惠的特惠午餐,价格约在5~8澳元不等,分量很大,不用怕吃不饱,许多澳大利亚人也喜欢中午到泰式餐厅饱餐一顿,泰式料理在澳大利亚是低价菜肴,价格实惠又美味。

常用词汇

steak 牛排	sirloin 牛里脊肉
fillet 无骨肉片	T-bone T骨牛排
rib-eye 肋眼牛排	lobster 龙虾

scallop	capsicum
扇贝	辣椒
abalone	eggplant
鲍鱼	茄子
prawn	dressing
对虾	（拌制色拉用的）调料
crab	simmer
螃蟹	用文火炖
celery	poach
芹菜	水煮
snow pea	stir fry
糖荚豌豆	用旺火煸
cabbage	toast
大白菜/卷心菜	烤（尤指面包）
lettuce	roast
生菜	烘烤，焙
broccoli	gravy
花椰菜	肉汁
mushroom	snack
蘑菇	点心
pumpkin	appetizer
南瓜	开胃菜

高频句

1. What would you recommend, waiter?
   您有什么推荐吗，服务生？

Chapter 6 休闲・娱乐・仪式篇

2. May I reserve a table for two?
   请替我们预订一张二人桌,可以吗?

3. I can have the check, please.
   请结账。

4. Go to the supermarket and see if there is any food promotion.
   去超市看看有没有食品推广活动。

5. They will mark down their meat at that time.
   他们届时会降价卖肉。

6. Buy in bulk and save.
   批量购买省钱

7. Buy cheap cuts of meat like brisket or topside.
   购买便宜的分割肉,像胸脯肉或牛大股肉。

8. The food served in our cafeteria is rather unsavory.
   我们食堂提供的食物很难吃。

CONVERSATION 1
在餐厅

(A couple wait to be seated in a crowded restaurant.)

Waiter: Do you have a reservation, sir?

Bruce: No, I am afraid not.

Waiter: I'm sorry. The restaurant is full now. You have to wait for half an hour. Would you care to have a drink at the lounge until a table is available?

Bruce: No thanks. We'll come back soon. May I reserve a table for two?

Waiter: Yes, of course. May I have your name, sir?

Bruce: Bruce. By the way, can we have a table by the window?

Waiter: We will try to arrange it but I cannot guarantee that, sir.

Bruce: That's fine.

Unit 21 可口又省钱的当地美食

(Half an hour later, the couple come back.)

Waiter: Your table is ready, sir. Please step this way.

Bruce: What's good today?

Waiter: I recommend crispy and fried duck and vegie.

Bruce: We don't want that. Well, perhaps we will begin with mushroom soup, and follow by some seafood and chips.

Waiter: Do you want any dessert?

Bruce: No, thanks. Just coffee.

WORDS AND EXPRESSIONS 词汇大本营

1. reservation [ˌrezəˈveɪʃən] n. 预订，预约
2. available [əˈveɪləbl] adj. 有空的；能找到的
3. arrange [əˈreɪndʒ] vt. 安排，准备
4. guarantee [ˌgærənˈtiː] vt. 保证，担保
5. recommend [ˌrekəˈmend] vi. & vt. 推荐；建议

LANGUAGE POINTS 难点释义

❶ Vegie [ˈvedʒɪ]，vegie是典型的澳式英语，相当于英式英语和美式英语中的vegetable。

TRANSLATION 参考译文

（夫妻俩正在等候安排入座。）

服务生： 请问您订位了吗，先生？

布鲁斯： 没有。

服务生： 很抱歉，餐厅已经满位了。要等三十分钟才会有空桌。你们介意在休息室喝点东西直到有空位吗？

布鲁斯： 不用了，谢谢，我们一会再回来。可以帮我们订一个两人桌吗？

服务生： 当然可以，请问先生贵姓？

布鲁斯： 布鲁斯，顺便问一下，我们能要一张靠窗的桌子吗？

服务生： 我们会尽量安排但是不能保证，先生。

布鲁斯： 我们明白了。

Chapter 6 休闲·娱乐·仪式篇

（半小时后这对夫妻返回。）

服务生：您的桌子已经准备好了，先生，请往这边走。
布鲁斯：今天有什么好吃的？
服务生：我推荐香酥鸭和蔬菜。
布鲁斯：我们不想要，或者我们可以先要蘑菇汤，然后要一些海鲜和土豆片。
服务生：您想要甜点吗？
布鲁斯：不用了，谢谢，咖啡就可以了。

CONVERSATION 2
购物秘诀

Colin: You always eat well. Do you have any tips for buying food?
Bruce: Yes, I do.
Colin: Can you share it with me, mate?
Bruce: Of course. First, you don't need to buy steak. There are lots of things that can replace it, such as topside, pork or chicken.
Colin: I got it.
Bruce: Buy foods of home brands. Their qualities are as good as popular brands', but foods of home brands are much cheaper.
Colin: Where can I buy them?
Bruce: In small groceries or go to the farmers'. Establish a good relationship with local farmers, and they'll offer you a lot of organic products with favorable price.
Colin: I see.
Bruce: Buy supermarket brand cans, milk and so on, and you can really cut down on your grocery bills.
Colin: Thank you for your sharing.

WORDS AND EXPRESSIONS 词汇大本营

1. replace   [rɪˈpleɪs]   vt. 代替；取代
2. brand   [brænd]   n. 产品，商标，牌子

Unit 21 可口又省钱的当地美食

3. quality　　　　　　['kwɒləti]　　　　　　n. 质量，品质
4. organic　　　　　　[ɔːˈgænɪk]　　　　　　adj. 有机的，不使用化肥的
5. favorable　　　　　['feɪvərəbl]　　　　　　adj. 优惠的
6. share　　　　　　　[ʃeə(r)]　　　　　　　vt.&vi. 分享；共享

LANGUAGE POINTS　难点释义

① tip　这里的tip指的是"小窍门"。

② mate　澳式英语口语常用，用来称呼别人，用法类似美国人爱用的man或者buddy；在澳式英语口语中它的音标是[maɪt]。

③ I got it.　口语用语，意思是"我听懂了"。

④ home brand　这里指"当地自产的品牌"。

⑤ the farmers'　指农民们自产自销的小商铺，以其物美价廉受到当地人的欢迎。

TRANSLATION　参考译文

科林： 你总是吃得挺好。你有什么购买食物的秘诀吗？

布鲁斯： 有。

科林： 你能和我分享一下吗，兄弟？

布鲁斯： 当然。首先，你不需要买牛排。有许多东西可以代替它，比如牛上股肉、猪肉或鸡肉。

科林： 懂了。

布鲁斯： 买当地自产品牌的食物。它们的质量和流行品牌的一样，但是便宜多了。

科林： 到哪去买呢？

布鲁斯： 在小杂货店或到农民的商铺那去买。跟本地农民建立起良好的关系，他们会给你提供许多优惠的有机食品。

科林： 明白了。

布鲁斯： 购买超市自己品牌的罐头、牛奶和其他产品，你确实可以减少你的食品账单上的数字。

科林： 谢谢你告诉我这些。

Chapter 6 休闲・娱乐・仪式篇

Unit 22
尽享超值购物的乐趣

澳大利亚不是购物天堂，但是逛一逛当地市集常会得到许多乐趣。大型百货公司、特色小市集中与树袋熊、袋鼠等相关的商品，常让人有寻宝的兴奋。

快速攻略

澳大利亚特色名产

绵羊制品和纯天然精华的化妆品

澳大利亚以畜牧业闻名，绵羊相关制品业已建立良好的口碑，绵羊油、羊毛被、羊毛保暖内衣是非常受游客喜爱的纪念品。绵羊油类化妆品以及Jurlique等澳大利亚本土品牌化妆品都是值得买的特色产品。

Unit 22 尽享超值购物的乐趣   215

UGG雪地靴

在中国广为流行的UGG雪地靴,似乎成为前来澳大利亚一游的必买产品。其由羊皮制成,内里为羊毛,松软且保暖,很受澳大利亚及新西兰居民的喜欢。看到各种各样的UGG雪地靴,常有人会冲动购买,但要提醒的是,应考虑回到中国后的实穿性,一双UGG雪地靴的价格并不便宜。

当地零食

"Arnott's"是澳大利亚颇具历史的老字号饼干公司,旗下出品的各式饼干种类繁多,尤其以Tim Tam系列特别受国内外游客的喜爱,也是喜爱甜食的人不可错过的巧克力饼干。不仅各大超市都可以看到,连机场也可以买到Tim Tam礼盒,其受欢迎程度可见一斑。

蜂胶及保健食品

澳大利亚蜂胶产品的种类丰富,免税店内可以找到蜂胶的滴剂、胶囊、乳液、肥皂、牙膏等。中国人爱购买的保健食品如:维生素、鱼油,知名品牌Blackmores,则可在一般的超市或是药妆店买到。

当地艺术品和手工艺品

徜徉于澳大利亚工艺品市场中的游客,经常会惊叹于商品的丰富多彩和独具匠心。精巧的管状发条钟、别致的彩色玻璃板、古朴的土

Chapter 6 休闲·娱乐·仪式篇

产木雕、酷酷的原创T恤衫以及绘有澳大利亚城市和内地风光的优美素描画，所有这些都如磁石般吸引着你的眼球，令你忘情停步。澳大利亚的原住民拥有丰富的文化，色彩缤纷的图腾成为热门的澳大利亚纪念商品。回力刀（Boomerang）、特有乐器Didjeridoo是令许多游客爱不释手的原住民特有产品。

澳大利亚独有的相关产品
　　树袋熊、袋鼠这两种可爱的动物能引起大家对澳大利亚的联想。虽然没办法把它们带回家，但是随处可以找到各式各样、琳琅满目的相关商品。

不可错过的购物场所

　　在很多旅行者的眼中，悉尼同样是一个购物天堂。悉尼有众多的繁华商场、购物中心，市中心几乎每幢大楼都有地下走廊购物市场。悉尼市内主要的购物地集中在岩石区、达令港、乔治街、伊丽莎白街等地方。

皮特街（Pitt Street）

皮特街与纽约第五大道、巴黎香榭丽舍大道、香港铜锣湾及伦敦牛津街共称为全球五大顶尖名牌"朝圣地"。悉尼的很多商店都分布在此街，是名牌精品的荟萃之地。在这里有Grace Bros、Centrepoint Arcade、Kygarden、The Glasshouse、David Jones、The Strand Arcade等著名的购物中心。在这里，Chanel、Christian Dior、Gucci、Louis Vuitton、Armani等国际顶尖品牌的商品与国际上同步上市。

地址：国王街（King Street）和市场街（Market Street）的连接处

交通：乘坐地铁可在市政厅（Town Hall）站或圣·詹姆士（St. James）站下车，步行一个街区即到。

乔治街（George Street）

悉尼最主要的购物街道为乔治街，与皮特街平行。沿街商店和餐厅林立，从中央车站（Central Station）开始一直到岩石区（The Rocks），都是逛街的好地方。

维多利亚女王大厦（Queen Victoria Building）

QVB位于市中心，以其建筑历史悠久且唯美而闻名，是悉尼规模最大、最壮观的百货商厦，同时也是观光悉尼不可或缺的景点。这里有近200家店铺，主要销售最优质的品牌和名设计师的服饰，上层以珠宝及古董商店为主。

地址：乔治街（George Street）与约克街（York Street）的连接处

交通：乘坐地铁在市政厅（Town Hall）站下车可到。

Chapter 6 休闲·娱乐·仪式篇

达令港（Darling Harbour）

达令港附近有120多家商店出售包括服装、首饰、花卉、皮具、土著艺术品、手工玻璃制品等在内的商品，价格公道且有特色。港口购物中心是这里的著名商场。

地址：Sydney, New South Wales 2000, Australia

交通：乘坐公交在市场街（Market Street）下，步行可到。

岩石区假日市集（The Rocks Market）

这里每逢周六及周日开放，约有140个摊位，出售手工艺品、饰品、珠宝、陶瓷器、木雕、香水、玩具等，是到悉尼的旅行者购买纪念品的好地方。营业时间为周六、周日的10:00~17:00。

地址：乔治街（George Street）和阿瑟登街（Atherden Street）交叉口

大型百货公司

欧洲或北美风格的大型购物商场和高档百货商店在澳大利亚的城市中也随处可见。其中比较著名的有：悉尼的拱廊商场（Strand Arcade）和维多利亚女王大厦（Queen Victoria Building）；墨尔本的柏克商业街（Bourke Street Mall）；珀斯的海尔街和莫瑞街购物中心（Hay Street and Murray Street Malls）；堪培拉的堪培拉购物中心（Canberra Centre）；布里斯班的女王街商业中心（Queen Street Mall）；阿德莱德的兰道购物广场（Rundle Mall）。

梅尔（Myer）和大卫·琼斯（David Jones）是澳大利亚的两大主要百货公司，在全国较大型的购物区几乎都可以看见这两家百货公司的踪影。百货公司的价位虽然较高，但有完善的换退货机制，不用害怕买错东西。

澳洲留学 全程无忧

商店营业时间

基本上过了19:00除了超市和餐厅之外已经没有其他商店可逛,所以想要购物的游客,敬请把握白天的时间。多半的商店在星期日都不营业或提早打烊,建议可在网络上查询营业时间,才不白跑一趟。

大部分市中心百货公司营业时间:9:00—19:00

一般商店营业时间:9:00—18:00/19:00

大部分餐厅打烊时间:21:00或22:00

购物夜

购物夜(Shopping Night),每周四晚上是悉尼人购物的好时机,一整个星期只有这一天商店会营业至21:00/22:00,想要在晚上购物的人可得好好把握。

打折季买名牌商品

澳大利亚的购物打折季是在每年的年中和年尾,即6月份和12月份的圣诞节,6月份的打折季称为Half Yearly Sale,圣诞节第二天称为Boxing Day,这两个时间折扣都很大,大部分的商场、购物中心里面的名牌商品等都会打折,届时可以去商场、免税店好好购物一番了。

退税早知道

一些商品如烟酒、香水、化妆品,建议在免税店购买,这样可以省下不少钱,有时免税店里的价格和外面商场的价格是相差很大的。英文是"DUTY FREE SHOP"的免税店,是免除海关税和消费税的。在澳大利亚还有另一种免税店,英文是"TAX FREE",这种商店只免除消费税。需要注意,在免税店购物,要出示护照和国际航班的机票。如果你在离境前60天以内从一家商店购买了价值为300澳元或以上的商品,且GST(Goods and Service Tax,商品服务消费税)不少于27澳元,所有物品列在一张标有税款的发票上,那么就可以得到退税。在从国际机场离境时,你可以领取现金退税(退税数额不超过200澳元),或支票退税。

澳大利亚购物退税的步骤如下:游客出境时只需在海关出示购买的物品、商店开的税单、护照及国际航班的登机牌即可,经海关盖章确认后在机场退税服务台办理现金退税或支票退税。机场在飞机起飞前的30分钟停止办理退税申请。(与退税相关的详情可以参看Tourist Refund Scheme App)

Chapter 6 休闲·娱乐·仪式篇

常用词汇

department store	tax refund
商场，百货公司	退税
shopping mall	receipt
购物中心	收据
antique store	affordable
古玩店	负担得起的
bargain	handicraft
n. 特价商品　v. 讨价还价	手工艺品
(on) sale	counter
特价	柜台
discount	change
折扣	零钱
sell out	fitting room
售完	试衣间

高频句

1. I'd like to have a look.
   我想看看。
2. Can I try this on?
   我可以试穿这件吗？
3. Is there any discount for this product?
   这件商品有折扣吗？
4. Can I try larger size?
   我可以试试看较大的尺码吗？

Unit 22 尽享超值购物的乐趣

5. Is there another color for this pair of shoes?
   这双鞋有别的颜色吗?
6. I'm afraid we don't have it in stock.
   恐怕我们已经没有存货了。
7. Do you offer any quantity discounts?
   大量购买有折扣吗?
8. I will swipe the card.
   我划卡支付。
9. Can you give me a little deal on this?
   这能卖得便宜一点吗?
10. Can you give me the receipt with which I can apply for my tax refund?
    你可以给我一张让我能够用来申请退税的收据吗?

CONVERSATION 1
买饰品

Helen: Welcome to Tropical Isle. You right?
Colin: This necklace is very nice. What is it made from?
Helen: It is made from coconut shells.
Colin: Really?
Helen: Yes. It's very popular among our customers. In addition, it's much cheaper than those of gold or silver.
Colin: How much?
Helen: 12AUD.
Colin: Quite so.
Helen: Pearl ones are also very beautiful, but more expensive.
Colin: I don't want expensive things.
Helen: Or you can have a look at our pearl earrings. They are not as expensive as

Chapter 6 休闲·娱乐·仪式篇

a necklace. We have several colors available.

Colin: Show me, please.

Helen: This way, please. We have color-pearl earrings.

Colin: Color pearls? Are they natural pearls?

Helen: Yes, they are.

Colin: What colors do you have?

Helen: Black, pink, green, blue and violet.

WORDS AND EXPRESSIONS 词汇大本营

1. tropical   ['trɒpɪkl]   adj. 热带的；炎热的
2. pearl   [pɜːl]   n. 珍珠
3. available   [əˈveɪləbl]   adj. 可获得的；可用的
4. natural   ['nætʃrəl]   adj. 自然的；天生的；不做作的

LANGUAGE POINTS 难点释义

① very nice 澳大利亚人将[eɪ]发成[aɪ]，[aɪ]发成了[ɔɪ]。发音时嘴巴是圆的。最典型的是nice，他们发成noice，音标[nɔɪs]。

② be made of 动词短语，意为"由……制成"，表示制成成品后，仍可看出原材料是什么，保留原材料的质地和形状，制作过程仅发生物理变化。区别于be made from，表示制成的东西完全失去了原材料的外形或特征，或原材料在制作过程中发生化学变化。

③ in addition 介词短语，意为"另外；除此之外"。

④ AUD 是Australian dollar的缩写。

⑤ natural pearl 是指天然的珍珠而非人造的。

TRANSLATION 参考译文

海伦： 欢迎光临"热带小岛"。需要点什么？

科林： 这条项链很漂亮。它是用什么做的？

海伦： 它是用椰子壳做的。

科林： 真的？

海伦： 真的。它很受我们的客户欢迎。另外，它比金链或银链便宜得多。
科林： 多少钱？
海伦： 12澳元。
科林： 确实不贵。
海伦： 珍珠项链也非常漂亮，但是更贵一点。
科林： 我不想要贵的东西。
海伦： 或者你可以看一下我们的珍珠耳环。它们没有项链贵。我们有几种颜色可供选择。
科林： 请给我看看。
海伦： 这边请。我们有彩色珍珠耳环。
科林： 彩色珍珠？那是天然珍珠吗？
海伦： 是的。
科林： 你们有什么颜色的？
海伦： 黑色、粉色、绿色、蓝色和紫色。

CONVERSATION 2
买衣服

Tommy: What do you like to buy?
Colin: A one-piece dress. And you?
Tommy: Shorts.
Colin: What do you think of this one?
Tommy: Pink doesn't match you.
Colin: How about this one?
Tommy: Better than that one, but still not good enough.
Colin: What's your suggestion?
Tommy: I suggest we go to another shop.
Colin: OK. Let's go.
Tommy: What about Armani? They're on sale.
Colin: Why not?
Tommy: Here we are. Hey, I reckon this fits you. You can give it a burl.

Chapter 6 休闲·娱乐·仪式篇

Colin: But I don't like blue.
Tommy: We can ask the shop assistant whether there is another color available or not. I reckon the style is very good.

WORDS AND EXPRESSIONS 词汇大本营

1. match　　　　　　[mætʃ]　　　　　　vt.&vi. 使相配，使相称
2. fit　　　　　　　 [fɪt]　　　　　　　vt.&vi.（使）适合；合身
3. style　　　　　　[staɪl]　　　　　　n. 风格；样式；时尚

LANGUAGE POINTS 难点释义

❶ think of 动词短语，意为"有……想法；对……有意见"。
❷ on sale 介词短语，意为"减价；廉价出售"。
❸ give it a burl 动词短语，澳式英语口语特色，意为"试一试"。burl一词源于苏格兰，意思相当于spin/whirl。

TRANSLATION 参考译文

汤米： 你想买什么呢？
科林： 一条连衣裙。你呢？
汤米： 短裤。
科林： 你觉得这件怎样？
汤米： 粉色不适合你。
科林： 那么这件呢？
汤米： 比那件好，但还不够好
科林： 你的建议是什么？
汤米： 我建议我们去另一家店。
科林： 好。我们走。
汤米： 阿玛尼怎么样？他们正在搞特价。
科林： 好啊。
汤米： 我们到了。嘿，我觉得这件适合你。你可以试一下。
科林： 但是我不喜欢蓝色。
汤米： 我们可以问一下售货员有没有别的颜色。我认为这款式非常好。

Unit 22 尽享超值购物的乐趣

澳洲留学 全程无忧

Unit 23
奇妙无比的自然人文景观

澳大利亚地处南半球，与北半球的气候截然相反。那儿不仅气候温和，更是风光迷人的度假胜地。澳大利亚一直以其景色宜人著称，澳大利亚四面临海，沙漠和半沙漠却占全国面积的35%，在东部沿海有全世界最大的珊瑚礁——大堡礁。它也是世界上唯一一个国土覆盖整个大陆的国家，拥有很多自己特有的动植物和自然景观，再加上极具特色的人文景观，是值得同学们在留学期间深度游的。

快速攻略

悉尼景点推荐

悉尼歌剧院（Sydney Opera House）

1973年完工的悉尼歌剧院（Sydney Opera House），由丹麦建筑师Jorn Utzon设计。它虽然不是百年古迹，但一般人讲到悉尼，多半会直接联想到悉尼歌剧院，其为悉尼市的三大地标建筑之一。除了可以观赏悉尼歌剧院的外貌及拍照留念外，建议参加观光客内部导览团，一窥悉尼歌剧院内部的样子！若时间更为充裕，不妨事先订好门票，聆听一场音乐会。

Chapter 6 休闲・娱乐・仪式篇

小提示

交通：可搭乘火车、公交车、渡轮至环形码头（Circular Quay），下车后步行约10分钟即可到达。悉尼歌剧院建筑非常显眼，不会有找不到路的疑虑。

欣赏音乐会

网络订票系统要收8.5澳元手续费。即使你去剧院买票，也要收5澳元手续费。若有热门音乐会则需事先订票。倘若不是太在意座位的位置，只想进去开开眼界，可以亲自去剧场买票碰碰运气。

悉尼歌剧院内部导览英文团（Essential Tour）：至售票大厅的导游柜台预订报名或通过网络购票：www.sydneyoperahouse.com。

悉尼歌剧院内部导览中文团（Asian Spotlight Tour）：至售票大厅的导游柜台预订报名，导览时间约30分钟或者网络购票：www.sydney-operahouse.com。

悉尼歌剧院后台之旅英文团（Backstage Tour）：至售票大厅的导游柜台预订报名或通过网络购票：www.sydneyoperahouse.com。

基本服装礼仪要特别注意

进入悉尼歌剧院内的服饰礼仪和在中国听音乐会相似，不需要穿着正式的晚礼服或燕尾服入场，但基本服装礼仪还是需要特别注意。女士以裙装或套装为佳，男士则是衬衫、西装裤加领带，千万不要穿牛仔裤、垮裤、拖鞋参加音乐会。

悉尼港湾大桥（Harbour Bridge）

悉尼港湾大桥是重要地标之一，同时是联结市区至北悉尼的重要交通枢纽。除了提供行人步道、汽车车道外，就连火车也在桥上畅行无阻。喜欢冒险的人可以选择登上桥的最顶端一览悉尼港迷人的风景。

Unit 23 奇妙无比的自然人文景观

悉尼港湾大桥攀登活动（Bridge Climb）

悉尼港湾大桥常有各项攀登活动，有胆识者不妨前往一试究竟，时间约需3.5~4小时。

如果不想花钱参加攀登活动，也可以选择免费方式步行于悉尼港湾大桥上。从岩石区（The Rocks）的寇伯耳兰登街（Cumberland Street）可以找到一条窄窄的阶梯，有清楚的指示牌，走上去就会到达眺望台（Pylon Lookout），再从眺望台走下去，就可走到悉尼港湾大桥了。

Pylon眺望台的网站资讯请登录网址：www.pylonlookout.com.au。

月亮公园（Luna Park）

走过了悉尼港湾大桥，会来到悉尼市的北边，不妨到知名的游乐园月亮公园走走。入场不需门票，但要使用各项游乐设施，则需要分别付费。

皇家植物园（Royal Botanic Garden）

悉尼的皇家植物园占地面积大，紧邻悉尼歌剧院和中心商务区。喜欢大自然景观的旅客可以在里面消磨一整天，来一次生态一日游。园内依植物的种类不同划分各类区块，除了丰富的植物种类之外，还可以看见多种鸟类在此栖息，值得前来欣赏。

交通：从市区内出发者建议步行即可；乘公交441路至新南威尔士州美术馆（Art Gallery of NSW）站下车即到；乘地铁到环形码头（Circular Quay）。

网站：www.rbgsyd.nsw.gov.au

鱼市场（Fish Market）

在悉尼要找最新鲜的海产，就非鱼市场莫属了。不管是生蚝、龙虾、生鱼片，鱼市场应有尽有，每天11:30~14:00总有许多用餐的人潮，喜欢海鲜的游客可以挑一天去看看。鱼市场的东西非常新鲜，但和中国海鲜相比并不便宜，甚至还贵上一些。

交通：可搭乘路面电车至鱼市场（Fish Market）站下车。

Chapter 6 休闲·娱乐·仪式篇

达令港（Darling Harbour）

达令港不只是旅游的热门景点，也是悉尼市民放假的好去处。人们除可享有港口漂亮的景色与绚烂的夜景外，每一个周末这里几乎都会举办各式活动或表演，外加购物中心、餐厅、露天咖啡馆林立，达令港是个热闹且适合全家一起前来的好地方。

交通：可从中国城（China Town）或市政厅（Town Hall）步行前往，各约15分钟。

网站：www.darlingharbour.com

邦迪海滩（Bondi Beach）

邦迪海滩是很有名的海滩，不但聚集了许多冲浪好手，而且还是大家喜爱的日光浴场所。海滩周围的商业活动很活跃，有许多知名冲浪品牌店及美食餐厅。在此处漫步，可以享受海滩特有的悠闲气氛。

交通：可在市区伊丽莎白街（Elizabeth Street）搭333路公交车直接到邦迪海滩（Bondi Beach），约45分钟；或搭火车到邦迪联运（Bondi Junction）站，再转到邦迪海滩的公交车。

悉尼大学的三座博物馆

悉尼大学的坎伯当（Camperdown）主校区离市中心并不远，历史悠久的英式建筑也成为悉尼大学有名的地标，建议前来校园观光的旅客也一同参观校内的免费博物馆。虽然是小型的博物馆，但是仍具特色。悉尼大学校区一共有三座主要博物馆，免费开放给一般民众参观。

Unit 23 奇妙无比的自然人文景观

大学美术馆（University Art Gallery）：始于19世纪60年代，共有3000多件美术收藏品，多为澳洲、亚洲、欧洲艺术家的作品。尼克逊博物馆（Nicholson Museum）：拥有150多年历史的博物馆，内有意大利、罗马、希腊、埃及等历史文明古国的收藏品，馆内的木乃伊展示是许多人去参观的重点。麦克雷博物馆（Macleay Museum）：以自然历史为主题的博物馆，收藏有丰富的昆虫标本。

交通：搭乘10、412、413、435、436、437、438、440、461、480路公交车，从市区乔治街（George Street）出发，到维多利亚公园站（Victoria Park）或天桥站（Footbridge）下车。博物馆位于校园中主建筑四方庭院（Quadrangel Building）和麦克雷楼（Macleay Building）里面。

开放时间：周一至周五10:00~16:30；周六（仅每月第一个周六）10:00~16:00；周日12:00~16:00；法定假日、学校假期不开放。

费用：免费入场

猎人谷（Hunter Valley）

　　这是喜欢品酒的游客绝对不能错过的景点，该区有多家制酒厂及大片葡萄园，游客可以到试饮室品尝各式美酒。若是跟着旅游团前往，还有专人解说。除了有美酒可品尝外，猎人谷的风景也非常优美，是个可以让人放松的地方。前往猎人谷观光的旅客，可以参加当地的Day Tour（一日游），视各旅行社和行程而定。

交通：目前没有任何大众交通工具可以抵达猎人谷，需自行开车前往。

澳大利亚法定假日表

日期	法定假日	实行区域
1月1日	New Year's Day（新年）	全澳大利亚
1月26日	Australia Day（澳大利亚国庆）	全澳大利亚
3月第一个周一	Labour Day（劳工节）	西澳大利亚州
3月第二个周一	Labour Day（劳工节）	维多利亚州、塔斯马尼亚州
3月第二个周一	Canberra Day（堪培拉节）	堪培拉特区

Chapter 6 休闲·娱乐·仪式篇

复活节前的周五	Good Friday（耶稣受难日）	全澳大利亚
春分月圆后第一个周日	Easter（复活节）	全澳大利亚
4月26日	ANZAC Day（新澳军团纪念日）	全澳大利亚
5月第一个周一	Labour Day（劳工节）	昆士兰州，北邻地地区
6月第二个周一	Queen's Birthday（女王诞辰日）	西澳大利亚除外
10月第一个周日	Labour Day（劳工节）	新南威尔士州 堪培拉特区 南澳大利亚洲
12月25日	Christmas Day（圣诞节）	全澳大利亚
12月26日	Boxing Day（节礼日）	全澳大利亚

其他地区景点推荐

堪培拉

澳大利亚国家博物馆（National Museum of Australia）

澳大利亚国家博物馆运用多种方式来展现澳大利亚历史，馆内有各种各样的主题展览，包括临时性展览、永久性展览等，而主题更是涉及各个方面。在此你可以了解到关于澳大利亚的环境变化、当地文化、国家标志等多方面的知识。同时，其建筑及内部结构设计也非常具有吸引力。

地址：Lawson Crescent, Acton Peninsula, Canberra, Australia

交通：乘坐7路（周一至周五）或934路公交车前往，在雷诺士十字路口（Lennox Crossing）站下车，步行约200米。

国家动物园及水族馆（National Zoo and Aquarium）

国家动物园及水族馆是一个观赏动物的好地方，从狮、猴、考拉、老虎到鲨鱼，应有尽有。水族馆内还建有一个容量达100万公升的观光隧道，其中养育了多姿多彩的澳大利亚鱼类供观赏。花上几个小时的时间在这里游览一番，你会爱上这里的。

地址：Scrivener Dam, Yarralumla, Canberra ACT 2611, Australia

澳大利亚国家植物园（Australian National Botanic Gardens）

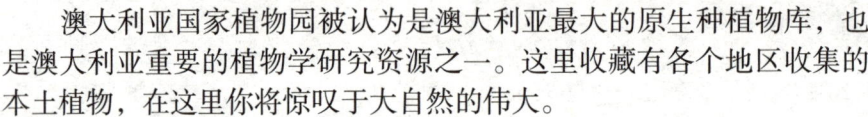

澳大利亚国家植物园被认为是澳大利亚最大的原生种植物库，也是澳大利亚重要的植物学研究资源之一。这里收藏有各个地区收集的本土植物，在这里你将惊叹于大自然的伟大。

地址：Clunies Ross Street, Acton, ACT 2601, Australia

小人国（Cockington Green Gardens）

在澳大利亚有个著名的小人国，它是一位英国园艺大师的私家园林。该园艺大师因思念家乡便在自家园林内将英国的知名人文建筑以一定的比例缩小制作出来，便成为今日的小人国。如今的这里因优美的环境、特色的装扮而成为堪培拉著名的旅游景点。

地址：11 Gold Creek Road, Nicholls 2913, Australia

铁宾比拉自然保护区（Tidbinbilla Nature Reserve）

其被誉为澳大利亚最雅致的风景区，并与纳马吉国家公园（Namadgi National Park）、可西欧斯可国家公园（Kosciusko National Park）合称为澳大利亚北部的"阿尔卑斯山"。这里既有大面积的峡谷和山脉，也有一些原始建筑，反映了土著及欧洲人居住于此的历史。此外，这里因景色秀美、生态完好而成为众多野生动物的栖息地。

地址：Tidbinbilla Ring Road, Paddys River Australian Capital Territory 2620, Australia

交通：从堪培拉市中心驾车前往，约需40分钟。

Chapter 6 休闲·娱乐·仪式篇

昆士兰州

黄金海岸（Gold Coast）

黄金海岸是一处绵延42千米、由10多个美丽沙滩组成的度假胜地。它拥有优美的海滩景色和众多趣味性的主题乐园，如华纳兄弟电影世界、海洋世界及梦幻世界等，吸引了无数的国际游客前往。这里有众多有趣的活动可供游客选择。你可在海边冲浪，在主题公园体验丰富多彩的活动，或到天堂农庄（Paradise Country）体验澳大利亚人最原始的生活，看当地人表演剪羊毛，度过一段悠闲的海滩时光。

黄金海岸游玩攻略

黄金海岸附近的山野园林中，建有许多供游人宴游玩乐的场所：有供儿童游戏的儿童乐园；有可以鸟瞰名胜的空中缆车；有比赛抛掷回旋镖（一种澳大利亚土著人使用的猎具）的广阔的大草坪；有展示珍禽异兽、名花奇卉的公园；有直升机供游人在海上和田野间低飞盘旋；有令人目眩神迷的水上芭蕾舞表演。

凯恩斯

库兰达（Kuranda）

一个隐秘于热带雨林中的小镇，目前居住人口约3008人（此为澳大利亚2016年人口普查数据）。它因拥有一片世界上最古老、面积最大、极其美丽的热带雨林而知名。高耸密集的树木、奔腾的瀑布、潺潺的小溪、随处可见的各种野生动物，使得它宛如一片不被打扰的世外桃源、"童话之地"。各具特色的旅游项目使得更多的游客把目光投向这个小镇。

地址：25 km northwest of Carins, in Far North Queensland, Australia
交通：从凯恩斯搭乘风景列车前往，一个半小时便可到达；也可参加凯恩斯当地的库兰达一日游活动。

澳大利亚蝴蝶保护区（Australian Butterfly Sanctuary）

为保护蝴蝶而专门设立的地方，这里有2000多只热带蝴蝶，其中很多都是世界上稀有的品种，如

Unit 23 奇妙无比的自然人文景观

蓝色翅膀的尤利西斯（ulysses）蝴蝶等，对于喜欢蝴蝶的人来说是个不可错过的地方。

地址：8 Rob Veivers Drive, in Kuranda Village

拜伦峡谷国家公园（Barron Gorge National Park）

拜伦峡谷国家公园就在凯恩斯到库兰达的路上，这里因拜伦瀑布（Barron Falls）而闻名。河流从250米高的山上飞泻而下，便形成了壮观的拜伦瀑布。这里美丽的峡谷景色、壮观的瀑布吸引了很多摄影爱好者前来。

地址：18 km（lower section) and 27 km（upper section）north-west of Cairns, in North Queensland, Australia
交通：可在凯恩斯乘坐到库兰达的旅游列车，列车会在拜伦峡谷国家公园停靠，可在此下车。

考验角的黛恩树国家公园（Cape Tribulation, Daintree National Park）

黛恩树国家公园是澳大利亚目前最大的原始热带雨林，也是地球上许多已经生存了数百万年的植物和动物的家。黛恩河蜿蜒流淌其中，与世隔绝的原始自然环境、大量的古老珍奇动植物，形成了最为独特的大自然景观，吸引了无数的旅行者。它位于湿热地带世界遗产区。

地址：110 km north of Carins, via the Cook High way

帕罗尼拉公园（Paronella Park）

一座由热带雨林花园和古城堡遗迹构成的主题公园。这里有西班牙式的城堡、壮观的瀑布、美丽的林荫大道、各种热带植物。它还是日本动画大师宫崎骏制作《天空之城》的灵感来源，因此也赢得了"天空之城"的美誉。除了极其美丽

Chapter 6 休闲·娱乐·仪式篇

的景色之外，公园最具吸引力的地方在于它有着一个梦想成真、用努力和坚持完成伟大工程的动人故事。很多澳大利亚的新人选择在这里举办他们的浪漫婚礼，它已是澳大利亚著名的三大婚礼举行地之一。

地址：120 kilometres south of Cairns, Queensland, Australia
交通：凯恩斯没有公共交通前往，可驾车前往，约半小时到达。

大堡礁（Great Barrier Reef）

闻名世界的大堡礁已是澳大利亚的标志。这一奇特的珊瑚礁群是唯一能从太空看到的生物，名气早已是世人皆知，因此前去大堡礁探秘也成为每个到澳大利亚的旅行者必须做的一件事。

大堡礁是指位于澳大利亚东岸宽广而巨长的堡礁，绵延3000多千米，宽度30~50千米。它位于澳大利亚东北沿海，北到托雷斯海峡，南到南回归线以南，是世界上最大最长的珊瑚礁群，世界七大自然景观之一，也是澳大利亚人最引以为豪的天然景观，于1981年被列入世界自然遗产。

大堡礁游览攻略

前往大堡礁，可选择在凯恩斯乘坐轮船前往，或者选择乘坐直升机在高空进行远距离观赏。凯恩斯当地有很多旅行公司提供前往大堡礁的游览项目，你可以选择报它们的团前去。就算不报团的话，也要乘它们的轮船去。关于这些轮船公司的信息，可从网络上或者凯恩斯当地的游客信息中心获取，请当地的旅行社或酒店预订。关于当地的旅行社，有"驴友"推荐位于Lake Street 2号的Dr. Tour。

前往大堡礁，既可从凯恩斯出发，也可从道格拉斯港出发。当地有几家比较有名的旅游公司，它们的目的地、价格不同，提供的服务也不同，一般都包括早餐、午餐及潜水等。

建议旅行者提前一天看看各家的船，了解船的大小、行驶的路线、中途的停靠点等。如想潜水的话，需询问清楚套餐是否包含浮潜用具和深潜的选择，小孩子的浮潜用品是否免费提供。很多因素都会导致套餐的价格不同，因此需要了解清楚具体情况再选择。

Unit 23 奇妙无比的自然人文景观

银梭号（Quicksilver）从道格拉斯港出发前往最原始、天然的阿金考特大堡礁。在阿金考特大堡礁豪华的海上观光平台上，旅行者可参加潜艇、浮潜、海底观察站、与海洋生物学家交谈等项目，或自费参加潜水、海底漫步、直升机观光等，轮船会在下午返回凯恩斯。详细信息见其网站：www.quicksilver-cruises.com。

从凯恩斯出发的有太阳恋人号（Sunlover）、大冒险号（Great Adventures）、梦幻丽礁号等，可从其官方网站上获取信息。

常用词汇

information centre	return journey/round trip
信息中心	往返旅行
one-day tour	excursion/outing
一日游	远足
opening hour	expedition
开放时间	远征，探险
concert	hitching
音乐会	搭乘
admission	itinerary
入场费	旅行日程
journey/trip	stopover
旅行	中途下车停留
circular tour	departure
环程旅行	出发
outward journey	arrival
单程旅行	抵达

Chapter 6 休闲・娱乐・仪式篇

delay	fare
延期	票价
travel agency	tourist attraction
旅行社	旅游胜地
airline company	camera
航空公司	照相机
traveler's check	lens
旅行支票	镜片
single ticket	valuables
单程票	贵重物品
return ticket	natural reserve/nature preservation zone
往返票，双程票	自然保护区

高频句

1. Where is the Tourist Information Center?
   旅游咨询处在哪里？
2. I prefer a package tour.
   我更喜欢包价旅游。
3. Is there any one-day tour you recommend?
   你可以推荐一个一日游行程吗？
4. What a wonderful view!
   多美的景色啊！
5. I want to visit some historic sites.
   我想参观一些历史名胜。
6. Is there a youth hotel nearby?
   请问附近有没有青年旅馆？
7. I just lost my way. Could you please tell me how I can go back to the hotel?
   我迷路了。请问您可以告诉我如何回到旅馆吗？
8. Do you have any tour route including all these places?
   你们有没有包含所有这些地方的旅游路线？

Unit 23 奇妙无比的自然人文景观

实用对话

CONVERSATION 1
登上悉尼塔

Jack: How lucky we are! Perhaps you don't know it only receives a maximum of 960 people at a time. There are a flock of people waiting.

Colin: How high is it?

Jack: About 305 meters high.

Colin: I'm a little hungry, maybe because of acrophobia. Can we have something to cram ourselves with food first?

Jack: Well, we must see whether there are still seats available or not. Usually you need to book seats in advance, because the seats are limited and there are too many visitors.

Colin: Alright. I'm sure there are not now.

Jack: OK, let's go to the observation deck.

Colin: Crikey, the view here is greater than the Harbor Bridge.

Jack: It must be. It's twice higher than that.

Colin: I can see the beaches and mountains faraway.

Jack: When the day is clearer, you can see further.

Colin: Then I will visit it once again.

WORDS AND EXPRESSIONS 词汇大本营

1. maximum   [ˈmæksɪməm]   n. 最大量；最大限度
2. acrophobia   [ˌækrəˈfəʊbɪə]   n. 恐高症；巨高恐怖
3. cram   [kræm]   vt. 填满；塞满；猛吃
4. view   [vju:]   n. 风景；视域

LANGUAGE POINTS 难点释义

❶ a flock of 意为"一群"，在这里指人非常多。

❷ in advance 短语，意为"预先，事先，提前"。

Chapter 6 休闲·娱乐·仪式篇

❸ **crikey** 表示惊奇的感叹词，澳大利亚英语口语特色，音标['kraɪki]。

TRANSLATION 参考译文

杰克： 我们多走运啊！也许你不知道，它每次最多仅接待960人。有许多人在等呢。
科林： 它多高啊？
杰克： 大约305米高。
科林： 我有点饿，可能是因为恐高症，我们可不可以先吃点东西填饱肚子？
杰克： 噢，我们必须看看还有没有座位。通常需要提前订座，因为座位有限，游客又太多。
科林： 好吧。我确信现在没有。
杰克： 好的，让我们上观景台。
科林： 哇哦，这里的视野比海港大桥还要好。
杰克： 那是一定的。这里是那两倍高。
科林： 我可以看到远方的沙滩和群山。
杰克： 你可以在天气更晴朗的时候看得更远。
科林： 那么我会再来一次。

CONVERSATION 2
葡萄酒之乡

Tommy: What should I buy as a keepsake? Any suggestion?
Carly: I suggest wine.
Tommy: Why?
Carly: Because Adelaide is the heart of South Australia's wine industry. Its wine is famous around the world.
Tommy: But I don't know much about it. Filler, I hardly drink it.
Carly: Yeah. You always drink distilled spirit.
Tommy: Could you give me some advice?
Carly: Well, I never touch a drop. But I may suggest you pay a visit to the National Wine Centre. It has a wine-tasting gallery where you can try and find which one you like better.
Tommy: Good idea.

Carly: And you can learn about wine there.
Tommy: If I don't get drunk, haha. Just kidding.

WORDS AND EXPRESSIONS 词汇大本营

1. keepsake   ['ki:pseɪk]   n. 纪念品
2. distilled   [dɪs'tɪld]   adj. 由蒸馏得来的
3. gallery   ['gæləri]   n. 画廊，走廊
4. drunk   [drʌŋk]   adj. 醉的；陶醉的

LANGUAGE POINTS 难点释义

① Adelaide 阿德莱德是澳大利亚港口城市，南澳大利亚州首府，位于该州东南部洛夫蒂山地与圣文森特湾间的滨海平原上。附近为小麦、大麦和葡萄种植区，并有发达的奶牛养殖业。其为本州农畜产品贸易中心和重要输出港。

② filler 澳大利亚人的口头禅，多为you know，音标['fɪlər]。

③ hardly 否定副词，表示"几乎不；简直不"。

④ distilled spirit 指白酒。

TRANSLATION 参考译文

汤米： 买什么做纪念品呢？你有什么建议？
卡丽： 我建议买葡萄酒。
汤米： 为什么？
卡丽： 因为阿德莱德是南澳大利亚的葡萄酒业中心。它的酒闻名天下。
汤米： 但是我不太懂葡萄酒。你知道，我几乎不喝。
卡丽： 那倒是。你总是喝白酒。
汤米： 你能给我一些建议吗？
卡丽： 我滴酒不沾。但是我建议你参观一下国家葡萄酒中心。那里有一个品酒廊，在那儿你可以品尝一下，看看你更喜欢哪种。
汤米： 好主意。
卡丽： 你也可以在那学到关于葡萄酒的知识。
汤米： 如果我没醉的话，哈哈。开玩笑。

Chapter 6 休闲·娱乐·仪式篇

Unit 24
如何度过轻松惬意的超长假期

经过一学期的紧张学习,是不是很期待即将到来的超长假期呢?

由于地处南半球,澳大利亚的大学寒暑假的时间和国内正好相反:通常情况下,各个高校的暑假为每年的11月底或者12月上旬至次年2月底或者3月初,大概三个月;寒假为每年的6月至7月,时长大约一个月。惬意的超长假期里,很多海外留学生都会成群结队去旅行,领略澳大利亚独一无二的绝色美景。如果你知道省钱窍门的话,这样的旅行会带给你不一样的收获。

快速攻略

假期旅行可以根据自己的情况选择合适的旅行方式。报团或者自助游,就看自己的喜好。如果随团游可以网上或者电话咨询当地的旅行社;如果自助游可以根据需求选择合适的交通工具。

Tip1 自驾

在澳大利亚，洲际旅行和出远门大多要靠驾车。有没有想过几个人凑钱一起买一辆二手车呢？但是在澳大利亚养车的费用是不便宜的，考虑清楚再行动。如果决定买车，驾照有关事宜需要依据所在州的交通法规提前做出相应的准备。如果在澳大利亚学习期间决定购买汽车的话，最好要同时购买全国通用的汽车路边救助保险，以防万一。另外，在澳大利亚车辆都是靠左行驶，所以在国内开习惯了的朋友在澳大利亚驾车要格外注意。

Tip2 公共交通

澳大利亚有着相对完善而又具特色的公共汽车和火车服务，比如墨尔本的有轨电车、悉尼的轮渡都是吸引游客的亮点。购买纸质车票时可以在自动售票机上买票，也可以从书报杂志店、小杂货店等一些店铺内买到各类纸质车票。火车和公共汽车的纸质车票有单人、周票、月票以及学生票和Ten Trip（Travel Ten）等特殊票。纸质车票一般都是按照地区到地区来划分的，而不是站到站，Zone1是最便宜的，Zone数越大票价越贵。火车的票价分时段，休息日（周六、日）票价全天一样，工作日票价低峰时段最贵。学生票一般是普通票价的50%~80%，但留学生是不能购买学生票的，只有拥有澳大利亚国籍的学生才能购买学生票，所以千万不要冒充，以免影响日后的移民。自2016年开始，整个悉尼公共交通系统开始使用澳宝卡（Opal Card）。澳宝卡可以在公交车、火车、轮渡、轻轨上使用。澳宝卡在

Chapter 6 休闲·娱乐·仪式篇

便利店有售，也可以在便利店充值，较大的车站也有自助充值器。澳宝卡可以直接绑定银行卡，每次余额不足的时候都可以自动充值。澳宝卡本身是免费的，无论来悉尼出差或者旅游还是长期生活，只要打算多次使用悉尼的公共交通系统，都请使用澳宝卡。澳宝卡根据距离计费，请上车下车（上船下船）不要忘记刷卡（Manly Ferry 例外）

Tip3

骑车

如果是短途旅行，还可以选择让人能够充分领略沿途风光的骑车旅行。澳大利亚的自行车不贵，通常在100澳币左右，澳大利亚的火车上还可以放自行车，但要多买一张票。澳大利亚的很多城市在道路及交通规则的设置方面都特别考虑到了骑车人士的需求，开辟了自行车专用车道。需要注意的是：在澳大利亚骑自行车时还必须要佩戴经过政府有关部门检测合格的安全头盔。根据有关规定，出于安全原因您还必须要在自行车的前面安装白色标志闪灯，后面则需要安装红色的闪灯。在夜间骑车上路时，您还需要在衣服外面罩一件荧光反光马夹，以便您身边经过的汽车可以及时为您让路或者避让。

Unit 24 如何度过轻松惬意的超长假期

澳洲留学 全程无忧

Tip4 必要准备

澳大利亚很多著名的国家公园内都设有免费的宿营地。如果选择宿营方式旅行，出发前一定要准备好旅行所需要的各种物品：饮用水、地图、睡袋或者帐篷、镜子和哨子（在出现紧急情况时，救援人员即使相隔很远也可以看到镜子反射的太阳光，而哨音传播的距离显而易见会比人声要传得远）。另外，按照有关的签证规定，到澳大利亚留学的海外学生都必须购买私人医疗保险，以防可能出现的意外。

常用词汇

on vacation	free backpacker
在度假	自由背包客
on holidays	follow/join a tour group
每逢过节	参加旅行团
unique and stunning scenery	package tour
独一无二的绝色美景	包价旅游
money-saving tip	self-driving tour
省钱窍门	自驾游
travel by oneself /independent tour	second-hand car/used car
自由行/散客旅游	二手车

Chapter 6 休闲·娱乐·仪式篇

international driver's license
国际驾照

bicycle lane
自行车专用道

the roadside assistance insurance
路边救助保险

camping
宿营

concession card
购票的优惠卡（本地学生可以办理此卡）

private health insurance
私人医疗保险

Travel Ten/Ten Trip
十次票

sleeping bag/sack
睡袋

go sightseeing by bike
骑车观光旅行

pitch a tent
搭帐篷

roo
（澳式英语口语）kangaroo 袋鼠

cozzie
（澳式英语口语）swimming costume（女）游泳衣

trackiedacks
（澳式英语口语）tracksuit pants 运动服裤子

sunnies
（澳式英语口语）sunglasses 太阳镜，墨镜

servo
（澳式英语口语）service station 加油站，服务站

高频句

1. You will have to get a license.
   你需要考个驾照。
2. I will take you for a ride.
   我会带你出去转转。

Unit 24 如何度过轻松惬意的超长假期

3. Excuse me, does the bus go to…?
   请问这是开往……的公交车吗?
4. How often do the buses run to…?
   请问去……的公交车多久一班?
5. Which platform do I need for the…line train?
   去……的火车在哪个站台?
6. Where shall I get off for…?
   我去……应该在哪下车?
7. Where shall I catch the ferry to…?
   去……我应该在哪里上船?
8. Which tram will take me to…?
   去……坐几路电车?

Sophie: Hey, Michael! Look up to your left, koala, yes, it is a koala, the sleeping koala! Michael…?

Cynthia: Sophie, he's asleep. An early start for him today.

Sophie: How can he sleep? This is so exciting!

Cynthia: He told me to wake him up half an hour later. What have you got?

Sophie: I made us choccy cake for lunch!

Michael: Choccy cake!

Sophie: That woke you up! Look there! Koala's said to sleep for 23 hours a day.

Michael: Oh, aren't they cute!

Cynthia: Look, that one has a baby in its pouch.

Michael: What are baby koalas called?

Cynthia: They're called cubs or joeys.

Sophie: OK, we'll stop here for lunch. Grab yourselves backpacks.

Chapter 6 休闲·娱乐·仪式篇

After lunch…

Michael: Cynthia, is it safe to swim here?

Cynthia: It's not safe to swim anywhere on a full stomach. But if you feel like taking a dip before lunch, go for that protected swimming area.

Michael: Thanks. Well, put on your cozzie and follow me.

Sophie: Are you really going for a swim, Michael?

Michael: Of course. Watch me!

Cynthia: Michael! Be careful!

Michael: Aaah!

Sophie: Michael! What's up?

Cynthia: Did you see a shark?

Michael: No. The water is so cold!

Sophie: Is that all? You had us scared stiff!

Cynthia: I was about to call an ambulance.

Michael: I'm glad you didn't. I can't afford an ambulance.

Sophie: You didn't get a health insurance, did you?

Michael: Nah. Who needs it? I'm young and strong.

Cynthia: Oh, Michael!

WORDS AND EXPRESSIONS 词汇大本营

1. koala [kəʊˈɑːlə] n. 树袋熊；考拉
2. choccy [ˈtʃɒki] n. <澳><口> chocolate 巧克力
3. cute [kjuːt] adj. 漂亮的；娇小可爱的；机灵的
4. pouch [paʊtʃ] n. 小袋；烟草袋；育儿袋
5. cub [kʌb] n. 幼兽，幼熊
6. joey [ˈdʒəʊi] n. 幼兽，幼袋鼠
7. grab [græb] vt.&vi. 夺取，抓住
8. dip [dɪp] vt. 浸；下沉
   n. （短时的）游泳，泡水
9. stiff [stɪf] adj. 僵硬的，坚硬的；呆板的
10. ambulance [ˈæmbjələns] n. 救护车

Unit 24 如何度过轻松惬意的超长假期

11. afford　　　　　　[əˈfɔːd]　　　vt. 买得起；担负得起；提供；给予
12. insurance　　　　[ɪnˈʃuərəns]　　n. 保险，保险业；保险费

LANGUAGE POINTS　难点释义

❶ the sleeping koala 正在睡觉的考拉，也可以理解为考拉睡着了。

❷ an early start for him today 指今天他起得很早，口语中可以用名词短语表达完整的意思，另外英语中名词使用频率较高，需要注意使用名词的地道表达。

❸ "What have you got?" 你拿的什么，get的意思根据语言环境分析，但最终离不开原始意义。

❹ "...that one has a baby in its pouch." 那只考拉的育儿袋里还有一个小宝宝。雌性考拉的育儿袋叫pouch。

❺ take a dip <口>（在海水里等）洗个澡，泡一泡。

❻ what's up 这里表示"怎么啦"，也可以用来表达"有什么事""近来可好"等。

❼ "You had us scared stiff." 你把我们吓坏了（吓呆了）。scare sb. stiff 指把某人吓呆/僵。

❽ be about to 将要，正打算；临到；即将；就要。

❾ "Nah. Who needs it? I'm young and strong." "nah" 口语表达，意为"不"。

TRANSLATION　参考译文

苏菲：嘿，迈克尔！往上看你左边，考拉，对，是考拉，睡着的考拉！迈克尔……？

辛西娅：苏菲，他睡着了，今天他起得太早了。

苏菲：他也真能睡得着啊？这旅行多令人兴奋啊！

辛西娅：他跟我说半小时后叫醒他。你拿的什么？

Chapter 6 休闲·娱乐·仪式篇

苏菲： 我给大家做了巧克力蛋糕当午餐。
迈克尔： 是巧克力蛋糕啊!
苏菲： 听到吃的你就醒了啊! 看那，据说考拉一天要睡上二十三个小时的觉。
迈克尔： 哦，它们可爱吧!
辛西娅： 你看，那只考拉的袋子里面还有一只小宝贝呢。
迈克尔： 请问考拉宝宝在英语里怎么说呢?
辛西娅： 它们被称为 cubs 或者 joeys.
苏菲： 好，我们就在这吃午餐了，带上你们的背包。

午餐后……

迈克尔： 辛西娅，在这里游泳安全吗?
辛西娅： 饱食后在哪游泳都是不安全的。如果你想在午餐前游一会儿泳的话，去那边有保护措施的游泳区游泳。
迈克尔： 谢谢。嗯，穿上你的游泳衣，跟我来。
苏菲： 你真的要游泳吗，迈克尔?
迈克尔： 当然了，看我的!
辛西娅： 迈克尔! 小心!
迈克尔： 啊!
苏菲： 迈克尔，怎么啦?
辛西娅： 你看到鲨鱼了?
迈克尔： 没有，这里的水太冷了。
苏菲： 就这点事? 你真是把我们吓坏了。
辛西娅： 我差点叫救护车。
迈克尔： 幸好你没有叫，我可负担不起救护车费。
苏菲： 你没有买医疗保险，对吧?
迈克尔： 没有，谁要买那个保险啊，我这么年轻力壮的。
辛西娅： 唉，迈克尔!

Unit 24 如何度过轻松惬意的超长假期

澳洲留学 全程无忧

Unit 25
人生的重要时刻——毕业典礼

　　澳大利亚大学的学位毕业典礼是非常正式和严肃的，整个典礼按照非常严格的程序和要求进行。一般来说，澳大利亚的大学每年会举办两次毕业典礼：一次在八月份，另外一次则是在十二月份。参加毕业典礼的前提是必须要通过全部的考试，完成学业。一般来说，校方会在举行毕业典礼前两到三周通过电子邮件、信函等方式寄给"即将获得学位者"一份毕业典礼通知书。需要注意的是在收到这封邀请函之后一定要按照要求及时给校方一个答复。如果出于某些原因您可能不想出席毕业典礼，那么您一定要填写一份"毕业典礼缺席表"并及时将表格交给学校，否则的话校方可能不会印制你的学位证书。

快速攻略

典礼tips

1. 提前到场，要着正装

　　参加毕业典礼，最让毕业生兴奋的莫过于身着传统的学位服，不同的颜色区分着每一位学生的专业和学习领域（粉色——文学院，蓝色——商学院，绿色——理学院等等），并且从背帽上也能看出学位等级：只有一条较窄色带的是学士学位，整个背帽都有颜色的是硕士学位。为了这身庄重的衣服一定要提前一到两个小时到场，提前领取学位袍和学位帽子，一般来说这项服务会在典礼开始之前一个小时停止。租用学位袍需要交50澳元押金，有些学校则会在这方面收取一定的费用。需要特别提醒的是：出席毕业典礼时一定要着正装，切忌穿T恤衫和运动鞋等休闲装。如果亲朋好友在毕业典礼开始之前就抵达现场的话，建议在典礼之前就找那些专业的摄影师拍照，否则等到毕业典礼结束之后，就要排长队了。另外，在领取毕业典礼座席号码时你需要出示学生证，这个过程也是要排长队的。无论怎样，必须在典礼开始之前半小时就座，所以一定要打好提前量，以便完成领学位袍、提前拍照等一系列活动。

2. 庄严的典礼进行时

在典礼开始之前，校方的主要负责人会入场并登台，此时所有在场的毕业生和观礼的客人都要起立，表示尊敬之意。在典礼开始之后，毕业生们会以每一横排为单位上台领取学位证书。此时请不要忘记携带您的姓名卡，以便工作人员核对姓名。

领取学位证时的礼仪：在你走近校长的时候，请用手轻轻碰触你头上学位帽子的帽檐，此举表示你向校长脱帽致意。校长随后会跟毕业生握手、合影、颁发学位证书及完成拨帽仪式（把帽穗从右边拨到左边代表着学业已合格），然后毕业生就可以走下台，回到自己的座位上了。有时候校方会邀请嘉宾发表讲话，还有乐队、歌手适时表演等。总体上说，正式的毕业典礼需要耗时一到一个半小时左右。

毕业典礼结束的时候毕业生和主持典礼的老师们会在观礼客人的注视下首先退场。毕业典礼后还有谢酒会（各种饮品以及精致的小蛋糕和冷食），家人、朋友相聚回忆往昔，展望美好未来。那一刻，每个人都会感慨万千，依依不舍地向往日同窗道别。

常用词汇

graduand	diploma
即将获得学位者	学位证书
academic dress	bachelor's degree
传统学位服	学士学位
graduation ceremony	master's degree
毕业典礼	硕士学位
rigorous procedure	academic gown
严格的程序	学位袍
graduation ceremony notice	mortarboard
毕业典礼通知书	学位帽
absent	deposit
缺席的	押金

Chapter 6 休闲·娱乐·仪式篇

formal suit	performance
正装	表演
show respect	thanksgiving party
表示尊敬	答谢酒会
award the degree certificate	relo
颁发学位证书	<澳><口> 亲戚，亲属 relative
guest speech	
嘉宾讲话	

高频句

1. Where shall I hire an academic gown?
   我应该在哪里租借学位袍？
2. How much is the deposit?
   押金多少钱？
3. Congratulations on your academic achievement.
   恭喜你取得的学业成绩。
4. All the best for the future.
   祝你有个美好的未来。
5. I'd like to get professional photos taken in the academic gown.
   我想穿着学位袍让专业摄影师给我照相。

Michael: Unbelievable. It's taken us half an hour and we've only moved forward less than a kilometer.

Ryan: Lucky we left the house nearly three hours early. But if we were held up here, we would miss the ceremony.

Andy: Excuse me, do you know why the traffic is moving so slowly?

Stranger: A truck's turned over ahead. Three lanes are closed.

Andy: Thank you.

Michael: Oh, that's awful.

Ryan: We'll still make it to the hall on time, won't we?

Michael: Chocker. I can't even turn the car around and take another route.

Ryan: If we were not there by ten, they would cancel my name from the list to receive the certificate onstage.

Andy: You have to get your academic gown first, remember?

Ryan: Hey, Michael, my bike's still on the back of the car, isn't it?

Michael: Yes, I remembered so.

Ryan: Yes! I could ride!

Michael: But, Ryan, your decent suit!

Ryan: I'll carry the jacket.

Andy: Good luck, man. See you there!

Michael: I hope we could make it on time, too.

…

In the hall waiting for the opening of the ceremony

Michael: Can you see Ryan, Andy?

Andy: No, they're all wearing mortarboards. I can't see anyone's face.

Michael: Well, I guess we just sit and wait.

…

Chancellor: Ryan Wang

Michael: There he is. Ryan! Ryan made it!

Off the stage

Andy: You really made it.

Ryan: Yeah, but I really cut it fine. I arrived at the moment just when they were going to strike my name from the list and I had to beg to get my academic gown because they'd already shut down business.

Chapter 6 休闲·娱乐·仪式篇

Andy: Wow, besides the diploma, they should give you a medal for fast cycling.

Michael: Congratulations on your achievement, Ryan.

Ryan: Thanks, Michael. Thanks for your help in the past.

Andy: Best wishes for your future career.

Ryan: Thanks.

Michael: Well, Let's get professional photos taken with the proud graduate. You look great, Ryan!

Ryan: OK. Let's go.

WORDS AND EXPRESSIONS 词汇大本营

1. unbelievable	[ˌʌnbɪˈli:vəbl]	adj. 不可相信的；站不住脚的
2. ceremony	[ˈserəməni]	n. 典礼，仪式
3. traffic	[ˈtræfɪk]	n. 交通，运输量
4. lane	[leɪn]	n. 规定的单向行车道；车道
5. chocker	[ˈtʃɒkə]	adj. <澳><口> 塞满的，挤满的
6. certificate	[səˈtɪfɪkət]	n. 证明书，文凭
7. academic	[ˌækəˈdemɪk]	adj. 学院的，大学的
8. decent	[ˈdi:snt]	adj. 正派的；得体的
9. cycle	[ˈsaɪkl]	n. 循环；自行车
		vi. 周而复始；骑自行车
		vt. 运转，循环
10. congratulation	[kənˌgrætʃuˈleɪʃn]	n. 祝贺，恭喜
11. achievement	[əˈtʃi:vmənt]	n. 成就，成绩
12. professional	[prəˈfeʃənl]	adj. 专业的；专业性的

LANGUAGE POINTS 难点释义

① "Lucky we left the house nearly three hours early. But if we were held up here, we would miss the ceremony." "Lucky we left the house nearly three hours early." 口语化说法，实际上lucky前省略了It is，口语中可以直接这样使用，一个形容词+一个句子，这句的意思为"多亏我们提前差

Unit 25 人生的重要时刻——毕业典礼

不多三个小时出门"。"But if we were held up here, we would miss the ceremony." 使用了虚拟语气,"hold up" 这里的意思指"耽搁"。

❷ "Excuse me, do you know why the traffic is moving so slowly?" 这里"traffic" 本意是"交通",结合上下文,这里的意思为"为什么车速这么慢?"。

❸ "A truck's turned over ahead. Three lanes are closed." "turn over" 意为(使)翻转,整句表达的意思是"前面有个卡车翻了"。"lane" 指"车道"。

❹ "I'll carry the jacket." "jacket" 这里指正装的上衣,jacket通常指短上衣、夹克。

❺ "Yeah, but I really cut it fine. I arrived at the moment just when they are going to strike my name from the list and I had to beg to get my academic gown because they'd already shut down business." "cut it fine" 是"几乎不留余地,刚好赶上"的意思。"strike my name from the list" "strike" 的意思很多,通常做"罢(工、课等);撞;攻击"讲,这里指"to remove something officially from a document",意为"删除"。

TRANSLATION 参考译文

迈克尔: 简直难以想象。半小时我们刚刚走了不到一公里。

赖安: 多亏我们提前差不多三个小时出门。但是如果堵在这,我们就会错过典礼的。

安迪: 劳驾问一下,您知道为什么车速这么慢吗?

陌生人: 一辆卡车在前面翻车了。三条车道关闭了。

安迪: 谢谢。

迈克尔: 哎呀,糟糕。

赖安: 我们还是能准时到达礼堂,对吧?

迈克尔: 塞满了车,我掉头走另外一条路都不行了。

赖安: 如果10点前赶不到的话,学校就会从名单中删除我的名字不让我上台领证书了。

安迪: 你还要先拿你的学位袍呢,记得吗?

赖安: 嘿,迈克尔,我的自行车还在车子的后备箱里,是不是?

Chapter 6 休闲·娱乐·仪式篇

迈克尔： 是的，我记得是这样。
赖安： 对呀，我可以骑自行车！
迈克尔： 但是，赖安，你这身正装怎么办？
赖安： 我可以拿着西装上衣。
安迪： 祝你好运伙计，礼堂见。
迈克尔： 希望我们也能准时到达。
……
在礼堂等待典礼开始
迈克尔： 看到赖安了吗，安迪？
安迪： 没有，他们都带着学位帽，我看不到任何人的脸。
迈克尔： 我想我们还是坐下来等吧。
……
校长： 赖安·王
迈克尔： 他在那呢。是赖安，赖安赶到了。
下了台以后
安迪： 你真赶到了。
赖安： 是呀，不过我是刚好赶到。他们正要把我从上台领证书的名单里删除，这时我就到了，学位袍已经停止租借了，我是求了半天情才拿到学位袍的。
安迪： 哇，除了学位证书，他们还应该授予你一个高速骑车的奖牌。
迈克尔： 祝贺你取得的成绩，赖安。
赖安： 谢谢，迈克尔。谢谢你过去对我的帮助。
安迪： 祝以后的职业生涯一切顺利。
赖安： 谢谢。
迈克尔： 好，我们请专业摄影师给我们和这个自豪的毕业生照个合影吧。你看上去很棒，赖安。
赖安： 好。走吧。

Unit 25 人生的重要时刻——毕业典礼